Les MEILLEURES COPIES du BAC

copies conformes

Les MEILLEURES COPIES du BAC

12 copies authentiques pour réussir le commentaire littéraire

Coralie Nuttens
agrégée de Lettres modernes

ellipses

ISBN 978-2-7298-8549-6

32, rue Bargue 75740 Paris cedex 15

www.editions-ellipses.fr

OBJECTIFS DE L'OUVRAGE

- Aborder **la technique du commentaire** littéraire de manière **concrète** grâce à la lecture et à la correction de bonnes copies rédigées dans les conditions de l'examen, par des élèves de seconde ou de première.
- Rappeler la **méthode du commentaire** en donnant des **conseils précis**.
- Présenter des **appréciations et corrections développées** pour chaque copie.
- Offrir des analyses approfondies sur des **textes variés**, appartenant à des époques et des genres différents.
- Proposer non seulement **des plans** mais aussi **des exemples de rédaction**, à travers les copies des élèves ou la reprise de passages **entièrement reformulés**.
- **Enrichir la culture de l'élève** grâce à des références culturelles données à la fin du commentaire détaillé et qui pourront faire l'objet d'une ouverture en conclusion. Attention, dans une copie, il s'agit bien sûr de faire référence à ces textes sans les citer intégralement.

ORGANISATION DE L'OUVRAGE

- Un bref rappel des **attentes liées au commentaire littéraire**
- Trois parties qui recoupent **les objets d'étude de seconde et de première** :
  - **En seconde générale**, les objets d'étude sont :
    - le roman et la nouvelle au XIXe siècle : réalisme et naturalisme ;
    - la tragédie et la comédie au XVIIe siècle : le classicisme ;
    - la poésie du XIXe au XXe siècle : du romantisme au surréalisme ;
    - genres et formes de l'argumentation : XVIIe et XVIIIe siècles.
  - **En première**, les objets d'étude, communs aux séries générales, sont :
    - le personnage de roman, du XVIIe siècle à nos jours ;
    - le texte théâtral et sa représentation, du XVIIe siècle à nos jours ;
    - écriture poétique et quête du sens, du Moyen Âge à nos jours ;
    - la question de l'Homme dans les genres de l'argumentation du XVIe siècle à nos jours.
- Le livre s'organise autour des trois grands genres littéraires : **poésie, roman, théâtre**. Il n'y a pas de partie sur l'argumentation car on trouve des exemples de textes argumentatifs à l'intérieur des parties sur le théâtre, le roman ou la poésie (par exemple l'extrait de *Germinal* de Zola ou de *Rhinocéros* de Ionesco).
- À l'intérieur de chaque partie, on trouve **quatre exemples de copies sur un sujet différent**, classées par ordre chronologique des œuvres.
- Pour chaque copie, l'ouvrage présente d'abord **le sujet**, puis **la reproduction de la copie** avec les annotations du professeur dans la marge, suivis de la note et d'un commentaire détaillé de la copie, lui-même divisé en trois temps : **ce qui est bien, ce qui doit être corrigé, ce qui doit être approfondi.**
- Le commentaire détaillé fait apparaître des **rappels de méthode** ou **d'histoire littéraire**.

À PROPOS DES COPIES

- L'ouvrage reproduit de véritables copies d'élèves de seconde ou de première, rédigées dans le cadre d'un devoir sur table, d'une durée de trois ou quatre heures et corrigées par leur professeur (à l'examen, la durée du commentaire est de trois heures dans la mesure où les élèves doivent répondre auparavant à une question de corpus).
- Les corpus ne sont pas reproduits ici.
- Les copies alternent entre des devoirs excellents et d'autres qui ne sont pas parfaits mais qui recèlent des qualités évidentes.
- Les notes s'échelonnent **entre 13 et 19/20**.
- Remarque : les lignes du texte mentionnées dans la correction peuvent quelquefois varier de celles indiquées dans la copie, en raison de l'actualisation de la mise en page du sujet.

RAPPEL DE LA MÉTHODE DU COMMENTAIRE LITTÉRAIRE

DÉFINITION

Le commentaire littéraire est défini par le B.O. de novembre 2006 comme *le lieu d'expression d'un jugement personnel sur un texte, dans un vocabulaire précis et pertinent qui permet de le caractériser dans sa spécificité*. En d'autres termes, le commentaire littéraire, autrefois appelé commentaire composé ou commentaire de texte, est une explication organisée d'un texte d'une trentaine de lignes qui vise à en dégager la signification en s'appuyant sur son écriture et sa structure. Il s'agit de mettre en évidence les **liens qui existent entre la forme du texte et le sens** de celui-ci, il ne s'agit pas de le paraphraser ou de le raconter.

BREF RAPPEL MÉTHODIQUE

Après avoir fait un plan au brouillon qui découle d'une lecture et d'une analyse précise du texte, l'élève rend au propre un développement en deux ou trois parties, précédé d'une introduction et suivi d'une conclusion.

REMARQUES SUR LE PLAN

Dans la mesure du possible le plan évite de garder la structure du texte.

La structure du texte sera en revanche commentée à un moment du devoir puisqu'elle fait sens.

Pour le plan, on part du plus évident au plus complexe.

La première partie correspond souvent au thème principal du texte, la deuxième fait un gros plan sur un thème en particulier et la dernière s'interroge sur la visée du texte. Attention, ce plan n'est en rien systématique.

STRUCTURE DE L'INTRODUCTION

Un paragraphe qui commence par présenter et situer l'extrait,

puis donne le thème du texte et soulève une problématique,

et enfin annonce le plan.

STRUCTURE DE LA CONCLUSION

Un paragraphe qui dans un premier temps récapitule l'analyse faite sur le texte et répond à la problématique, puis dans un second temps propose une ouverture littéraire ou culturelle en rapport avec le texte étudié (on pensera à utiliser le corpus donné pour les ouvertures).

REMARQUES GÉNÉRALES

Présentation, écriture, orthographe, syntaxe sont des critères essentiels de la notation.

Toute remarque doit être justifiée par la citation de mots ou de phrases du texte précisément analysés. Les citations se mettent entre guillemets et doivent être insérées de manière fluide.

Les parties commencent par une introduction partielle et s'achèvent par une conclusion transition.

On ne met pas « je » dans un commentaire.

I. POÉSIE

PAUL VERLAINE (1844-1896), *POÈMES SATURNIENS*, « MON RÊVE FAMILIER », 1866

Le sonnet est paru en avril 1866 dans la revue littéraire Le Parnasse contemporain *et figure dans le premier recueil, publié par Verlaine en octobre de la même année et intitulé* Poèmes saturniens. *C'est le sixième d'un groupe de huit sonnets réunis sous le titre* Melancholia, *inspiré au poète par une gravure de Dürer.*

MON RÊVE FAMILIER

Je fais souvent ce rêve étrange et pénétrant
D'une femme inconnue, et que j'aime, et qui m'aime,
Et qui n'est, chaque fois, ni tout à fait la même
Ni tout à fait une autre, et m'aime et me comprend.

Car elle me comprend, et mon cœur transparent
Pour elle seule, hélas ! cesse d'être un problème
Pour elle seule, et les moiteurs de mon front blême,
Elle seule les sait rafraîchir, en pleurant.

Est-elle brune, blonde ou rousse ? Je l'ignore.
Son nom ? Je me souviens qu'il est doux et sonore,
Comme ceux des aimés que la vie exila.

Son regard est pareil au regard des statues,
Et, pour sa voix, lointaine, et calme, et grave, elle a
L'inflexion des voix chères qui se sont tues.

Paul Verlaine, *Poèmes saturniens*, 1866.

COPIE 1

Français

Commentaire composé

Au XIXe siècle se développe le mouvement du Parnasse, en réaction au lyrisme et à l'expansion des sentiments des poètes romantiques. Les artistes rattachés à ce mouvement cherchent à s'éloigner de l'universalité des émotions et de l'engagement de poètes tels que Hugo ou Byron. Paul Verlaine est un poète du Parnasse, ayant publié plusieurs recueils, dont notamment Les Poèmes saturniens. ~~Nous nous proposons~~ Lisez l'étude d'un sonnet en alexandrins de ce recueil publié en octobre 1866, intitulé "Mon rêve familier", et s'intégrant à l'ensemble de huit sonnets "Melancholia". Verlaine évoque dans ce sonnet son amour pour une femme imaginée par lui dans ses rêves. En quoi la rêverie d'une femme idéale permet-elle au poète d'évoquer son désespoir et sa tristesse ? Nous étudierons dans une première partie le rêve en lui-même, puis le portrait de la femme idéale.

Dans ce sonnet, Verlaine évoque un rêve habituel, qui s'inscrit dans un univers incertain et paradoxal tout en conservant une apparence de réalité. Tout d'abord, le titre même du sonnet, "Mon rêve familier", souligne le phénomène de répétition récurrent du rêve par Verlaine. L'usage de l'adjectif qualificatif "familier" marque à la fois l'affection du poète pour sa rêverie, et également cette répétition. Elle est elle-même soulignée à travers l'emploi de l'adverbe "souvent", adverbe de fréquence qui précise le sens du verbe "fait" (l. 1). On lit également à la ligne 3 l'adverbe de fréquence "chaque fois", placé entre deux virgules, ce qui permet de mettre en avant la récurrence de la rêverie. On remarque aussi une structure originale des vers des deux premiers quatrains, tous deux en rimes embrassées. En effet, les rimes sont exactement les mêmes entre le premier et le deuxième quatrain, en \-en par les premier et dernier vers avec "pénétrant" (l. 1) et "comprend" (l. 4), et "transparent" (l. 5) et

schéma classique d'un sonnet

"pleurant" (l. 8), et en -ème par les deux rimes du milieu, avec "m'aime" (l. 2) et "même" (l. 3), et "problème" (l. 6) et "blême" (l. 7). Cette structure identique renforce l'impression de répétition qui se dégage du poème. À travers ce rêve habituel, Verlaine nous introduit dans un monde caractéristique de celui de la rêverie, et ce à l'aide de l'emploi des adjectifs " étrange et pénétrant " (l. 1), qui souligne la force du rêve à l'aide des sonorités nasales en - an. B

C'est donc dans un univers incertain et paradoxal que nous plonge Verlaine. Les paradoxes, caractéristiques du rêve, sont omniprésents tout au long du poème. On peut parler d'abord de l'antithèse " ni tout à fait la même / Ni tout à fait une autre " (l. 2-3), appuyée par la répétition de " ni tout à fait ". L'emploi de ces adverbes souligne l'hésitation du poète quant à son rêve, ainsi que sa difficulté à exprimer ses pensées. D'autre part, l'antithèse contribue à mettre en parallèle " la même " (l. 3) et " une autre " (l. 4), ce qui marque la confusion du rêve. B D'autres éléments viennent souligner l'univers étrange de la rêverie. Ainsi, Verlaine ne peut énoncer la couleur de cheveux de cette " femme inconnue " (l. 2), tandis qu'il parvient à décrire précisément " son regard " (l. 12) et " sa voix " (l. 13). On a donc ici une opposition entre l'apparence générale restant floue et la précision des détails, cette opposition étant traduite à travers l'effet de zoom de la description. Plus le poète décrit un aspect petit de la femme, et plus ce détail est précis, ce qui s'oppose à l'énumération " brune, blonde ou rousse " (l. 9) sous forme d'interrogation, où Verlaine souligne l'inutilité de connaître la couleur des cheveux. En effet, il répond sous la forme d'une phrase simple et déclarative placée en fin de vers, ce qui met en avant le choix de ce verbe : " Je l'ignore. " (l. 9). Enfin, l'univers étrange du rêve est traduit à travers d'autres éléments, comme les phrases complexes, dans lesquelles les propositions sont coordonnées entre elles. Ceci contribue à donner un rythme irrégulier au poème, où les vers sont découpés parfois en trois syllabes : " Et qui n'est, chaque fois, ni tout à fait la même / Ni tout à fait une autre, et m'aime et me comprend. " (l. 3-4). L'assonance en -ai avec " est ", " tout à fait " et " m'aime " B souligne le doute du poète. Enfin, ~~il est bon de souligner~~ l'énumération d'adjectifs, comme

COPIE 1

"lointain, et calme, et grave" (l. 13), qui semble imiter le surgissement des détails au fur et à mesure que la mémoire s'en rappelle.

Cependant, cet univers paradoxal et étrange vient s'opposer à l'impression de réalité qui s'échappe du poème. Tout d'abord, puisque l'ensemble du poème est rédigé au présent de l'indicatif : "qui n'est" (l. 3), "me comprend" (l. 5), "les sait" (l. 8), ou encore "elle a" (l. 13). Ce présent peut s'expliquer de plusieurs manières. Il peut être employé uniquement pour rendre le récit, la description, plus vrai et plus vivant. Cependant, on peut également penser que le présent vient ici marquer l'impression de vérité ~~qu'éprouve~~ le poète vis-à-vis de son rêve. Si le poète n'est pas convaincu par cette réalité, il tente tout du moins de s'en convaincre, et d'en convaincre le lecteur. On remarque en effet la présence de la conjonction de coordination "car" (l. 5) au début du vers. Cette conjonction précède la répétition de "me comprend" (l. 4 et l. 5), comme si Verlaine tentait de se justifier vis-à-vis de lui-même et du lecteur quant à la véracité de ses propos. Cependant, on remarque une certaine confusion du poète entre rêve et réalité, avec notamment l'emploi du verbe "je me souviens" (l. 10), qui semble mettre en doute l'actualité du rêve. Le poète sait également faire preuve d'un certain réalisme par instant, comme lors de l'exclamation "hélas !" (l. 6), placée juste avant la césure à l'hémistiche et ainsi mise en avant. Verlaine est malheureux de réaliser l'impossibilité de son rêve, dans lequel il tente d'oublier son désespoir. C'est donc à travers la description de la femme idéale que le poète va chercher sa consolation.

Verlaine dresse à travers ce sonnet le portrait de la femme idéale, qui lui offre un amour parfait, la consolation du désespoir de la réalité par l'évocation des aimés disparus.
Tout d'abord, Verlaine décrit son amour parfait pour cette "femme inconnue" (l. 2). En effet, le champ lexical de l'amour est très présent dans ce poème avec la répétition de "aime" (l. 2 et l. 4) trois fois. Le poète utilise le jeu des pronoms personnels pour exprimer la réciprocité du sentiment. On remarque le parallélisme "et que j'aime, et qui m'aime" (l. 2), mis en relief par la répétition de la conjonction de coordination "et". Dans ce

B

parallélisme, "je" est successivement sujet puis complément. On peut voir ici la recherche d'affection et d'amour de l'autre par Verlaine. Cette recherche est soulignée par l'allitération en -m au vers 4 avec "m'aime et me comprend" (l. 4). D'autre part, on remarque la gradation toujours présente vers un amour parfait que Verlaine pense atteindre avec la femme inconnue, la femme idéale. Ainsi, dans le vers 2 "D'une femme inconnue, et que j'aime et qui m'aime", le rythme particulier avec la coupure à l'hémistiche puis une deuxième coupure à la neuvième syllabe, ainsi que la répétition de la conjonction de coordination "et", on a l'impression d'une gradation vers le paradis, la perfection, l'harmonie, et donc d'une réponse aux aspirations du poète. Cette femme lui offre donc un amour parfait.

Cependant, elle lui offre également une consolation ~~au~~ face au désespoir de la réalité. En effet, dès le début du sonnet, le lecteur perçoit le désespoir de l'auteur. Le rythme des poèmes est souvent irrégulier, avec un déplacement de la césure, comme "Pour elle seule, et les moiteurs de mon front blême" (l. 7), ce qui souligne l'indisposition de Verlaine. D'autre part, le jeu sur les sonorités renforce le désespoir du poète. Les allitérations en -s avec "seule", "hélas", "cesse" (l. 6), en -m avec "moiteurs", "mon" et "blême" (l. 7), ainsi que l'utilisation de sonorités nasales telles que "mon front" (l. 7), marque le sentiment d'indisposition, presque de maladie de Verlaine. Face à ce désespoir, le seul remède disponible est celui de la femme. Tout d'abord, on repère la répétition trois fois de "elle seule", toujours placé en début de vers. L'utilisation de cette formule fait d'ailleurs l'objet d'une insistance très importante : "et mon cœur transparent / Pour elle seule, hélas ! cesse d'être un problème / Pour elle seule," (l. 5-6-7). Elle est également mise en avant par l'emploi de l'anacoluthe "et les moiteurs de mon front blême, / Elle seule les sait rafraîchir" (l. 7-8). Verlaine propose également un jeu de sonorités, avec l'opposition des voyelles et consonnes lourdes, sombres, avec les -ai et les -i de "Elle seule les sait rafraîchir" (l. 8).* La femme est donc réellement l'unique remède du poète. Cependant, celui-ci introduit dans le deuxième quatrain la tristesse et la mélancolie par l'expression "en pleurant" (l. 8), mise en avant par sa séparation du reste du vers par une virgule. Cette expression

juste

cliché du poète incompris

exprime une certaine antithèse, puisque la "femme inconnue" sait rafraîchir "les moiteurs de [son] front blême", c'est-à-dire chasser son angoisse et son désespoir, mais en pleurant.

En effet, cette femme est également idéale pour Verlaine puisqu'elle lui évoque les aimés disparus. Cette évocation se fait à travers l'emploi des temps du passé – le passé simple avec "exila" (l. 11) et le passé composé avec "se sont tues" (l. 14) – qui marque une rupture, un décalage avec le reste du poème. On s'éloigne de la confusion entre le rêve et la réalité pour s'ancrer dans la nostalgie du passé révolu. Les expressions "aimés" (l. 11) ou "inflexion des voix chères" (l. 14) portent en elles des tonalités mélancoliques, renforcées à travers les euphémismes "que la vie exila" (l. 11) et "qui se sont tues" (l. 14). La femme imaginée par Verlaine est idéale puisqu'elle est conforme à cette tristesse mélancolique du poète. En effet, la comparaison "comme ceux des aimés que la vie exila" (l. 11) fait une analogie entre le nom de la femme et celui des aimés disparus. Ce nom est à la fois "doux et sonore" (l. 10), deux termes opposés qui expriment la tristesse et l'importance que le poète lui accorde. De plus, l'impression de gravité ~~de~~ la femme est renforcée par l'utilisation de la comparaison "Son regard est pareil au regard des statues" (l. 12). Elle paraît presque donner une impression de froideur ~~de la femme~~, s'il n'y avait pas ensuite l'accumulation d'adjectifs décrivant sa voix : "lointaine, et calme, et grave" (l. 13). L'assonance en -a ainsi que la coupe du vers en plusieurs parties accentue de par le rythme posé, presque lent, la gravité de la femme. Enfin, le contre-rejet "elle a" (l. 13) donne de l'ampleur au dernier vers, à la chute du sonnet, et porte à son apogée cette élégie, ce regret de l'être aimé et disparu, et cette impossibilité de retour en arrière. Cette femme idéale ne peut guérir Verlaine de son désespoir, mais seulement lui apporter consolation et compréhension. si ce n'est pas l'écriture de ce poète

Verlaine utiliser donc la description d'une rêverie de la femme idéale pour exprimer son désespoir. [illegible] Le rêve, sujet favori des poètes romantiques et parnassiens, est choisi ici car il permet d'installer un cadre étrange, paradoxal, et donc favorable à l'expression des sentiments de Verlaine. La femme évoquée demeure un idéal, auprès duquel se réfugie le poète pour trouver la nostalgie des êtres aimés disparus. Ce sonnet peut être mis en relation avec (La) Fantaisie, de Nerval, de son recueil Odelettes, rythmiques et lyriques, dans laquelle il évoque un rêve, au cours duquel il imagine toujours une femme à sa fenêtre. On y retrouve la même atmosphère étrange, caractéristique d'une rêverie. B

* La synecdoque "et mon cœur transparent / Pour elle seule, hélas ! cesse d'être un problème" (l. 5-6) insiste sur l'effet qu'a la femme sur les sentiments du poète.

COPIE 1

CONSIGNES ET CONDITIONS

Commentaire rédigé sur table en quatre heures en classe de seconde.

APPRÉCIATION DE LA COPIE

Excellent travail, proche de la perfection. Une remarque pour la forme ! Vous auriez pu montrer l'impossibilité pour le poète de réaliser le portrait à la fois physique et sonore de la femme, dans la mesure où cette femme idéale n'existe pas.

NOTE DE LA COPIE

19/20

COMMENTAIRE DÉTAILLÉ

CE QUI EST BIEN

- Le plan et les thèmes abordés
  - **1. Un rêve**
    - A. Un rêve familier
    - B. Un univers incertain et paradoxal
    - C. Une impression de réalité
  - **2. Le portrait de la femme idéale**
    - A. Un amour parfait
    - B. Une femme consolatrice
    - C. Une femme qui lui rappelle les « aimés disparus »
- **Les introductions partielles**, à la fois brèves et claires.
- **L'insertion des citations.**
- La **fluidité du style**.
- **L'enchaînement très rigoureux des idées** à l'intérieur des sous-parties, par exemple, si l'on prend le premier paragraphe, on peut dégager le plan suivant :
  - **A. Un rêve familier**
    - 1) Le champ lexical de l'habitude : le titre, les compléments de temps (*souvent* et *chaque fois*).
    - 2) Le jeu des rimes et des sonorités renforce cette impression de familiarité avec la récurrence des rimes en [an], accentuée par les rimes intérieures (*étrange et pénétrant* v. 1).
- La copie part du plus évident pour aller vers le plus subtil. Ainsi, elle commence par commenter le titre.

- **La finesse et la précision de l'analyse**, la versification, l'étude des rimes, les enjambements (rejet et contre rejet), le type de vers, les sonorités (allitérations et assonances).
- Le jeu des pronoms.
- Le registre mélancolique (même si le terme de *désespoir* est un peu fort ici).
- Les figures de style : des plus évidentes comme la répétition aux moins connues comme l'anacoluthe (*et les moiteurs de mon front blême* v. 7), l'anaphore (*elle seule* v. 6, 7, 8) ou la synecdoque (*mon cœur transparent* v. 5).

RAPPEL

- **L'anacoluthe** est une rupture volontaire de construction syntaxique
- **La métonymie** est une figure de style qui consiste à désigner un objet ou une idée par un autre terme que celui qui convient. On peut observer différents glissements de sens :
  - la partie pour le tout : *une bonne plume* pour *un bon écrivain* ;
  - la matière pour l'objet : *un verre* pour *un récipient en verre* ;
  - le contenant pour le contenu : *boire un verre* pour dire *boire le contenu d'un verre* ;
  - l'objet pour l'activité : *faire du piano, jouer aux cartes* ;
  - l'écrivain pour son œuvre : *lire un Flaubert* ;
  - etc.

La synecdoque est une variété de métonymie qui consiste à donner à un mot un sens plus large ou plus restreint qu'il ne comporte habituellement. Par exemple on dit « on aperçoit deux voiles sur la mer » au lieu de « on aperçoit deux bateaux à voiles sur la mer ».

CE QUI DOIT ÊTRE CORRIGÉ

- **Présentation** :
  - on ne saute pas de lignes à l'intérieur des parties ;
  - on ne parle pas de lignes mais de vers pour un poème.
- **L'accroche de l'introduction** : on pourrait écrire « Le thème du rêve revient souvent en poésie et plus particulièrement chez les poètes du XIXe siècle. Ainsi, Baudelaire décrit dans « Rêve parisien » un paysage issu de son imagination, Aloysius Bertrand développe dans « Un rêve », des visions du Moyen Âge, quant à Verlaine, il tente de retracer dans « Mon rêve familier » le portrait d'une femme idéale qui peuple ses rêveries. Le sonnet, d'abord paru en avril 1866 dans la revue littéraire *Le Parnasse contemporain*, est ensuite publié dans le recueil, *Poèmes saturniens*, dans la section nommée « Melancholia ».
- Éviter les **annonces** de problématique et de plan **trop appuyées**, du genre *nous nous proposons d'étudier.*

CE QUI DOIT ÊTRE APPROFONDI

La musicalité étant particulièrement importante chez Verlaine, on aurait pu ajouter quelques remarques :

- sur les sonorités, les allitérations en [m] et l'assonance en [è] dans le premier quatrain créent une sorte de mélodie et de berceuse ;
- sur le rythme : le contraste entre le vers 13, extrêmement haché, et le vers 14, qui se prononce d'une seule coulée, traduit les ondulations de la rêverie ;
- sur les répétitions : la conjonction *et*, qui apparaît six fois dans le premier quatrain, produit un envoûtement approprié à la thématique du rêve.

◆ Il aurait fallu ajouter dans la seconde partie **un paragraphe sur l'impossibilité de faire un portrait précis de cette femme aimée**, que l'on aurait pu construire ainsi :

D. Une femme inaccessible

Si dans le deuxième quatrain le poète élaborait avec précision le portrait moral de cette femme, il échoue à en dresser le portrait physique dans les tercets :

- 1) l'échec du portrait **visuel** : *je l'ignore*, le poète ne peut saisir son regard ;
- 2) l'échec du portrait **auditif** : le poète se heurte au même néant, les deux passés révolus (*exila* et *se sont tues*) renvoient à la mort et au silence ;
- 3) ce double échec le conduit au **silence** : les sonorités sont de plus en plus étouffées, on note l'importance croissante des nasales (*inflexion*, *sont*) et le poème se clôt sur le silence avec le participe *tues* ;
- 4) la femme de ce rêve reste **désincarnée**, comme pour un rêve, celui-ci s'estompe et s'éloigne dès que l'on tente de le raconter ou de le matérialiser, l'idéal demeurant de toute façon, à jamais inaccessible.

◆ **En conclusion** : on peut citer *L'Art poétique* de Verlaine :

ART POÉTIQUE

À Charles Morice

De la musique avant toute chose,
Et pour cela préfère l'Impair
Plus vague et plus soluble dans l'air,
Sans rien en lui qui pèse ou qui pose.

Il faut aussi que tu n'ailles point
Choisir tes mots sans quelque méprise :
Rien de plus cher que la chanson grise
Où l'Indécis au Précis se joint.

Paul Verlaine, *Jadis et Naguère*, 1884.

CHARLES BAUDELAIRE (1821–1867), *PETITS POÈMES EN PROSE*, XVII, « UN HÉMISPHÈRE DANS UNE CHEVELURE », 1869

UN HÉMISPHÈRE DANS UNE CHEVELURE

Laisse-moi respirer longtemps, longtemps, l'odeur de tes cheveux, y plonger tout mon visage, comme un homme altéré dans l'eau d'une source, et les agiter avec ma main comme un mouchoir odorant, pour secouer des souvenirs dans l'air.

Si tu pouvais savoir tout ce que je vois ! tout ce que je sens ! tout ce que j'entends dans tes cheveux ! Mon âme voyage sur le parfum comme l'âme des autres hommes sur la musique.

Tes cheveux contiennent tout un rêve, plein de voilures et de mâtures ; ils contiennent de grandes mers dont les moussons me portent vers de charmants climats, où l'espace est plus bleu et plus profond, où l'atmosphère est parfumée par les fruits, par les feuilles et par la peau humaine.

Dans l'océan de ta chevelure, j'entrevois un port fourmillant de chants mélancoliques, d'hommes vigoureux de toutes nations et de navires de toutes formes découpant leurs architectures fines et compliquées sur un ciel immense où se prélasse l'éternelle chaleur.

Dans les caresses de ta chevelure, je retrouve les langueurs des longues heures passées sur un divan, dans la chambre d'un beau navire, bercées par le roulis imperceptible du port, entre les pots de fleurs et les gargoulettes rafraîchissantes.

Dans l'ardent foyer de ta chevelure, je respire l'odeur du tabac mêlé à l'opium et au sucre ; dans la nuit de ta chevelure, je vois resplendir l'infini de l'azur tropical ; sur les rivages duvetés de ta chevelure je m'enivre des odeurs combinées du goudron, du musc (1) et de l'huile de coco.

Laisse-moi mordre longtemps tes tresses lourdes et noires. Quand je mordille tes cheveux élastiques et rebelles, il me semble que je mange des souvenirs.

Charles Baudelaire (1821-1867), *Petits poèmes en prose*, 1869.

(1) Musc : substance odorante d'origine animale.

TRAVAUX D'ECRITURE - COMMENTAIRE COMPOSE.

Le recueil Petits Poèmes en Prose de Baudelaire,
1869 publié en 1868, encore appellé Le Spleen de Paris, aborde les
thèmes chers au poète à savoir la confrontation entre
spleen et idéal, dandysme et beauté. Le poème XVII intitulé
« Un Hémisphère dans une chevelure » aborde le thème
du voyage et esquisse une conception baudelairienne de la
femme par le biais de la description des sentiments évoqués par
le parfum qu'exhale la chevelure de la femme aimée ;
le caractère de cette chevelure étant sensible aussi bien
au niveau du vocabulaire et du lexique mais aussi de
l'effet incantatoire à suggéré par la construction du poème

Il s'agit de montrer comment ce poème
répétition en prose aborde les thèmes chers à Baudelaire et
fait référence à son expérience personnelle.

L'aspect enivrant de la chevelure est
tout d'abord sensible au niveau de la forme. Le poème en

prose présente une construction (en diptyque). Le texte peut, en effet, se refermer sur lui-même : il s'ouvre et se termine par la formule "Laisse-moi", associé à l'adverbe de temps "longtemps", qui marque bien l'insistance du poète dans sa démarche. Cette supplication est violente, comme le montre l'abondance de dentales dans la dernière phrase du poème surtout avec l'expression "mordre longtemps tes tresses lourdes et noires". A cet effet d'écho s'ajoute un effet incantatoire, suggéré par la reprise du terme "longtemps" dans la première phrase, le rythme ternaire des lignes 20 à 23 et par les analogies de construction des quatrième, cinquième et sixième paragraphes. En effet on a, dans ces trois paragraphes, l'anaphore de l'expression introduite par "dans" suivi d'un mot caractérisé par "ta chevelure" et la reprise à chaque fois d'un verbe de perception conjugué à la première personne du singulier.

L'aspect envoûtant de la chevelure se traduit aussi au niveau du vocabulaire. Cette chevelure procure des sensations "complètes" comme le montre les nombreux emplois de l'indéfini "tout". La présence des cinq sens est primordiale dans ce texte. On a, en effet, beaucoup de verbes de perception avec "vois", "sens" ou encore "entends" mais parmi ces cinq sens, l'odorat est le sens essentiel. Nombreux sont les termes se rapportant à l'odeur comme "parfum", "parfumées", "respire" ou même "enivre".

Les odeurs qui s'exhalent de la chevelure enivrent donc le poète, un doux bercement s'empare de lui. Cette idée de douceur et de bercement est traduit par les nombreuses allitérations en "m", en "p" et en "l" qui jaillissent le poème. À la ligne 11, les allitérations en "f" évoquent le son "f" de parfum. Sous

② l'emprise d'une ivresse artificielle, avec la référence à l'opium ou d'une ivresse entêtante, avec la référence

B au musc, au goudron et à l'huile de coco, le poète exprime ses sentiments lyriques. Ce lyrisme s'exprime grâce à la syntaxe. Les phrases du poème sont assez longues. À l'exception du dernier paragraphe, chaque paragraphe

j'dh correspond à une phrase. On a d'amples élans lyriques, pouvant être qualifiés de périodes, et l'accumulation des

ci exclamatives lignes 5 et 6 suggèrent l'exaltation et l'enthousiasme de Baudelaire. Le poète recherche des sentiments intenses et profonds : cette recherche est marquée par l'emploi de "plus" associé aux adjectifs "bleu" et "profond" qualifiant l'espace où le transporte le parfum de la chevelure.

transition ? Dans ce poème, Baudelaire évoque la notion d'infini avec les termes "ciel" et "océan" et aborde le thème du voyage qui est alors en quelque sorte une

B quête de l'infini.

Bonne progression

Pour que le voyage et donc l'évasion, ici spirituelle et mentale, ait lieu il faut qu'il y ait symbiose entre le poète et la

B chevelure. Cette fusion est exprimée par la métaphore filée de l'eau avec l'expression "y plonger tout mon

ci visage" puis par les termes d'"altéré" et de "source". De même, les allitérations en "s" dans le second paragraphe évoque une idée d'écoulement, et par extension exprime l'idée

COPIE 2

d'évasion.

Le thème du voyage est aisément perceptible par l'emploi d'un vocabulaire géographique avec des termes tels "mousson", "climat" ou encore "atmosphère".

La senteur caractéristique de "l'huile de coco" renvoie à des contrées lointaines et exotiques, situées bien loin du quotidien urbain morbide. L'idée d'exotisme est renforcée par la présence de la chaleur qui "se prélasse". La chaleur est aussi décelable dans l'expression "foyer ardent de ta chevelure" : puisque celle-ci semble être quelque chose de brûlant, le pays où elle transporte le poète par son parfum est à son image.

á

B

Le voyage se déroule en plusieurs étapes. Dans la partie incantatoire du poème est d'abord décrit le port, puis le voyage et le bercement du roulis, et enfin l'arrivée dans un pays d'abondance et d'insouciance, aux senteurs exotiques et enivrantes. Une fois arrivé "à destination", le poète est sous l'emprise complète des parfums, son lyrisme est à son comble puisqu'il a enfin trouvé ce qu'il recherchait : il voit "resplendir l'INFINI de l'azur tropical". La rêverie s'évanouit ensuite pour revenir à la supplication insistante non plus de respirer, mais de mordre les "tresses lourdes et noires". Le lyrisme et la rêverie de la description des sensations du poète ont attisé son désir et l'ont rendu d'autant plus violent, comme le suggère l'abondance des dentales dans la dernière phrase du poème.

TB

B

á

á

TB

La communion avec la chevelure permet à Baudelaire de s'évader grâce à son parfum, comme d'autres hommes le feraient grâce à la musique.

Dans ce poème, Baudelaire définit un des aspects de la fonction du poète. Le poète est un être qui a un contact privilégié avec les choses, lui seul peut interpréter les apparences et les sensations. L'expression exclamative "Si tu pouvais savoir tout ce que je vois !" montre bien l'aspect privilégié et exclusif de ce que peut ressentir le poète. Dans un même ordre d'idée le poème en prose s'adapte bien ici aux "ondulations de la rêverie, aux mouvements lyriques de l'âme, aux soubresauts de la conscience" puisque Baudelaire exprime, par la création, ce qu'il ressent.

[Marge : TB — pb de lien / des correspondances]

D'autre part, on a dans ce texte une esquisse de la conception baudelairienne de la femme. Celle-ci est caractérisée par son parfum envoûtant. Elle est dominatrice c'est elle qui détient les clefs du jeu amoureux. Sans sa permission, le poète ne peut "plonger" dans sa chevelure. La femme selon Baudelaire, est mystérieuse, supérieure. Dans ce poème, Baudelaire est en situation d'infériorité : il ne fait que supplier la femme aimée. Enfin, Baudelaire fait ici référence à sa première maîtresse, Jeanne Duval, mulâtresse symbole de l'amour charnel, fou et sensuel. La chevelure est personnifiée. [lien]

[Marge : Syntaxe — lire par votre conclusion]

Dans ce poème, Baudelaire aborde donc le thème du voyage, évasion rendue possible par l'exhalaison du parfum enivrant d'une chevelure. Pour Baudelaire, le Voyage est un moyen de fuir le quotidien et ses humeurs noires à savoir le Spleen, et de contrer l'Ennui.

Le thème du voyage est cher à Baudelaire. Il l'aborde de manière similaire dans "L'Invitation au Voyage" des Fleurs du Mal en exhortant sa "soeur d'élection" à le suivre dans la quête d'un "pays de cocagne" par un refrain au caractère incantatoire : "Là tout n'est qu'ordre et beauté, luxe, calme et volupté".

B

La référence aux contrées exotiques renvoie aux voyages de 1841-42 de Baudelaire.

inutile d'aller à la ligne

Enfin le thème du parfum est aussi abordé dans "Le Flacon", dans Les Fleurs du Mal.

B

CONSIGNES ET CONDITIONS

Commentaire rédigé sur table en classe de première, en trois heures, les élèves devant répondre auparavant à une question de corpus.

APPRÉCIATION DE LA COPIE

Très bon devoir, les idées progressent bien, les thèmes dégagés sont satisfaisants et s'appuient sur une analyse stylistique précise. Quelques répétitions à éviter, l'introduction et la conclusion peuvent être améliorées.

NOTE DE LA COPIE

15/20

COMMENTAIRE DÉTAILLÉ

CE QUI EST BIEN

- **Les thèmes** abordés.
- La clarté du **plan**.
  - **1. L'aspect enivrant de la chevelure...**
    - A. Souligné par la construction du poème
    - B. Par la présence des cinq sens
    - C. Par le lyrisme du poème
  - **2. ...qui permet l'évasion du poète**
    - A. La fusion du poète avec cette chevelure
    - B. Un voyage exotique
    - C. Les étapes du voyage
  - **3. Les thèmes chers à Baudelaire**
    - A. Le rôle du poète : établir des correspondances
    - B. La vision de la femme : la muse inspiratrice, le vecteur vers l'idéal
- **L'enchaînement des idées**.
- Une **expression** fluide.
- Une **analyse stylistique** précise : étude des sonorités, des figures de style, de la construction, des champs lexicaux...
- **L'alliance du fond et de la forme**.
- Les ouvertures en **conclusion**.

CE QUI DOIT ÊTRE CORRIGÉ

- **Accroche pour l'introduction** : on pourrait écrire : « Baudelaire, poète du XIXe siècle, est l'auteur d'un recueil de poèmes versifiés, *Les Fleurs du mal*, paru en 1857, et d'un ensemble de poèmes en prose, regroupés sous le titre *Petits poèmes en prose, Le Spleen de Paris* et publié en 1869. Un grand nombre de thèmes sont communs aux deux recueils. Ainsi, le poème versifié « La Chevelure » devient dans *Petits poèmes en prose* « Un hémisphère dans une chevelure ». Dans ces deux poèmes, composés à la même époque, Baudelaire décrit le voyage imaginaire qu'effectue le poète au contact de la chevelure de la femme aimée. »
- **Préciser la problématique et l'annonce du plan** : on pourrait mettre, si l'on garde le plan de l'élève : « Il s'agit de voir en quoi ce poème aborde une série de thèmes chers à Baudelaire, comme l'ivresse, le voyage et le pouvoir de la poésie. Pour cela, on étudiera comment l'aspect enivrant de la chevelure permet à l'auteur de voyager dans un monde exotique et quels sont les rôles respectifs du poète et de la femme aimée. »
- Il faudrait donc revoir l'ordre des idées dans l'introduction.
- **L'introduction partielle** peut être précisée : on pourrait écrire : « L'aspect enivrant de la chevelure est souligné à la fois par la construction du poème, la présence des cinq sens et le registre lyrique du texte. »
- **La présentation** : sauter une ligne avant la conclusion qui constitue un seul paragraphe.
- Éviter les répétitions.
- Il faudrait éviter les accumulations et mieux lier les idées entre elles à la fin de la conclusion : on pourrait rédiger ainsi **la fin de la conclusion** :
  - « Le voyage intérieur permet la quête d'un monde idéal qui se nourrit des paysages entrevus à La Réunion, lors de la jeunesse du poète, et dont les caractéristiques sont parfaitement résumées dans le refrain d'un poème des *Fleurs du mal*, intitulé « L'invitation au voyage » : *Là tout n'est qu'ordre et beauté/Luxe, calme et volupté.* Si la femme et sa chevelure enivrante sont ici le point de départ du dépaysement, l'ivresse sera parfois sollicitée par le vin, les drogues ou simplement la poésie comme le proclame Baudelaire dans son poème *Enivrez-vous !* »

CE QUI DOIT ÊTRE APPROFONDI

- Insister sur **les correspondances** :
  - **rappel sur les correspondances** baudelairiennes : on distingue d'une part les correspondances **horizontales** (ou synesthésies) qui établissent des liens entre les différentes sensations; et les correspondances **verticales** qui établissent des liens entre une sensation et une Idée.
    Dans le poème, il faudrait montrer plus précisément comment la femme est toute entière contenue dans sa chevelure, qui à son tour renferme tout un monde exotique. La chevelure apparaît comme la métonymie de la femme, qui est elle-même associée à un univers paradisiaque. Cette correspondance s'appuie sur des **synesthésies** :
  - sensations visuelles : la chevelure foisonnante et ondoyante renvoie à l'immensité de la mer et au roulis des vagues;

- sensations tactiles : la douceur et la chaleur des cheveux évoquent un univers tropical. Quant aux sensations olfactives, elles transportent le poète vers un monde **idéal**. On peut parler ici de correspondances verticales. La chevelure devient alors une invitation au voyage et à l'écriture.

- Toutefois, ce voyage vers l'idéal est **éphémère**. À la fin du poème, le charme déjà s'estompe et la réalité reprend du terrain, comme l'indiquent :
  - le vocabulaire prosaïque *(tresses lourdes, cheveux élastiques, goudron...)*;
  - les sonorités moins harmonieuses (allitérations en [r], [m], [d]).
- Le poète semble **dépendant** de la femme dont la chevelure est pour lui comme une **drogue**. Ce lien est souligné par la répétition de *Laisse-moi* qui encadre le poème, par la passivité du poète et par la **syllepse** (emploi d'un mot dans son sens propre et dans son sens figuré) *je mange des souvenirs*.
- **En conclusion**, on peut citer un passage du poème « La Chevelure » de Baudelaire paru dans l'édition de 1861 des *Fleurs du mal* :

XXIII

LA CHEVELURE

Ô toison, moutonnant jusque sur l'encolure !
Ô boucles ! Ô parfum chargé de nonchaloir !
Extase ! Pour peupler ce soir l'alcôve obscure
Des souvenirs dormant dans cette chevelure,
Je la veux agiter dans l'air comme un mouchoir !

La langoureuse Asie et la brûlante Afrique,
Tout un monde lointain, absent, presque défunt,
Vit dans tes profondeurs, forêt aromatique !
Comme d'autres esprits voguent sur la musique,
Le mien, ô mon amour ! nage sur ton parfum.

J'irai là-bas où l'arbre et l'homme, pleins de sève,
Se pâment longuement sous l'ardeur des climats;
Fortes tresses, soyez la houle qui m'enlève !
Tu contiens, mer d'ébène, un éblouissant rêve
De voiles, de rameurs, de flammes et de mâts :
Un port retentissant où mon âme peut boire
À grands flots le parfum, le son et la couleur;

Où les vaisseaux, glissant dans l'or et dans la moire,
Ouvrent leurs vastes bras pour embrasser la gloire
D'un ciel pur où frémit l'éternelle chaleur.

Je plongerai ma tête amoureuse d'ivresse
Dans ce noir océan où l'autre est enfermé ;
Et mon esprit subtil que le roulis caresse
Saura vous retrouver, ô féconde paresse,
Infinis bercements du loisir embaumé !

Cheveux bleus, pavillon de ténèbres tendues,
Vous me rendez l'azur du ciel immense et rond ;
Sur les bords duvetés de vos mèches tordues
Je m'enivre ardemment des senteurs confondues
De l'huile de coco, du musc et du goudron.

Longtemps ! toujours ! ma main dans ta crinière lourde
Sèmera le rubis, la perle et le saphir,
Afin qu'à mon désir tu ne sois jamais sourde !
N'es-tu pas l'oasis où je rêve, et la gourde
Où je hume à longs traits le vin du souvenir ?

Charles Baudelaire, *Les Fleurs du mal*, 1861.

TRISTAN CORBIÈRE (1845-1875), *LES AMOURS JAUNES*, « LE CRAPAUD », 1873

Un chant dans une nuit sans air…
La lune plaque en métal clair
Les découpures du vert sombre.

…Un chant; comme un écho, tout vif
Enterré, là, sous le massif…
– Ça se tait : Viens, c'est là, dans l'ombre…

– Un crapaud ! – Pourquoi cette peur,
Près de moi, ton soldat fidèle !
Vois-le, poète tondu, sans aile,
Rossignol de la boue… – Horreur ! –

… Il chante. – Horreur !! – Horreur pourquoi ?
Vois-tu pas son œil de lumière…
Non : il s'en va, froid, sous sa pierre.
……………………………………………………..
Bonsoir – ce crapaud-là c'est moi.

Ce soir, 20 juillet.

Tristan Corbière, *Les Amours jaunes*, 1873.

Commentaire composé du texte 1 : *Le Crapaud*, Tristan Corbière
Les Amours jaunes (1873).

De nombreux poètes du XIXème siècle ont dénoncé l'incompréhension du poète et son rejet par la société. Comme Baudelaire avec *l'Albatros*, le poète Tristan Corbière reprend le parallélisme entre le monde animal et le poète substituant le crapaud à l'albatros dans son poème *Le crapaud* extrait du recueil *Les Amours jaunes* publié en 1873. Tristan Corbière expose donc dans ce texte la découverte d'un crapaud, dans un cadre lugubre, chantant, sa vue suscite différentes réactions entre dégoût et compassion puis à travers la comparaison du crapaud au poète qu'il est, il met le doigt sur le malaise de la société envers le poète. Il s'agira donc d'étudier ces divers éléments dans ce commentaire composé.

(mal dit)

Inutile / maladroit

(1)

COPIE 3

Intriguées

~~Intriguées~~ par "un chant" dans la nuit, deux personnes évoluent dans un cadre hostile à la recherche du chanteur. B

En effet plusieurs personnages sont présents dans le poème car la présence de tirets signale un dialogue. Ils sont au nombre de deux car ils se tutoient sans préciser à qui ils s'adressent :

"– Ça se tait : Viens, c'est là, dans l'ombre"... (vers six)

De plus, c'est un couple car le narrateur se qualifie de "soldat fidèle" à l'autre personnage. Ces paroles galantes suggèrent donc que l'autre personnage est une femme, amante du narrateur.

C'est l'homme qui guide la femme : "Viens".

Son incertitude est marquée par les points de suspension aux vers un, quatre, cinq et six alors qu'il cherche la provenance du "chant".

Il tâtonne car l'endroit offre peu de repères.

Il fait "nuit". La campagne est d'un "vert sombre". L'atmosphère est oppressante, la "nuit sans air". Ceci est amplifié par le rythme haché du premier tercet et par les allitérations agressives en "r" du vers trois.

Le vers deux atténue le phénomène avec des allitérations douces en "l" ainsi qu'à l'aide de la clarté froide et métallique de la lune :

"La lune plaque en métal clair"

Dans cet univers lugubre, le chant est la seule trace de vie et il guide le narrateur.

Il émerge de l'atmosphère stressante car il est mis en valeur par les points de suspension qui le précèdent au vers quatre.

(Annotations en marge : en ; répétition ; ? ; ? ; répétition ; où ; Mais, ; B)

C'est une bouffée d'oxygène car il est "vif".
Il est mystérieux car on ne sait encore d'où il vient, c'est pourquoi il est comparé à "un écho".
De plus il semble sortir de la Terre car il est "enterré", "sous (un) massif" "dans l'ombre".
Sa vivacité contraste avec son ensevelissement sous la terre comme s'il était mort. Et pourtant "vif" et "enterré" sont liés par un enjambement. Il y a donc antithèse.
Ce chant étrange, mais surtout celui qui le produit suscite des réactions contradictoires.

L'homme essaie d'initier sa compagne à la découverte de la beauté du laid puisqu'ils ont découvert un crapaud. Il fait subir au batracien plusieurs métamorphoses. Il est d'abord personnifié en un "poète tondu" ce qui souligne son côté maudit car les tondus sont les traîtres ou encore les bagnards, les détenus mais* le crapaud devient ensuite un "Rossignol de la boue". Son chant grave est comparé à celui aigu et chantant du Rossignol. Le Rossignol réputé par la beauté de son chant est donc mis au même niveau qu'un crapaud qui ne jouit pas de la même réputation. Ceci est une nouvelle preuve de la beauté du crapaud par son chant qui est le représentant de la beauté dans un environnement repoussant ("boue"). Le narrateur insiste ensuite sur l'oeil du crapaud, "oeil de lumière". Le crapaud devient alors une source de clarté dans la "nuit". Mais, l'amante du poète une fois remise de sa

* l'embellit car le poète est sensible.

surprise à la vue du crapaud exprimée par l'exclamation suivante : " – Un crapaud ! " malgré les paroles du narrateur demeure dans une attitude de rejet face au batracien.

En effet, ses deux dernières paroles seront, coupant son amant, : " – Horreur ! ", " – Horreur !! " Il y a même une gradation car au vers onze il y a deux points d'exclamation alors qu'il n'y en avait qu'un au vers précédent.

La vue du crapaud insupporte donc la femme ce que ne comprend pas l'homme qui dit à deux reprises " Pourquoi ".

Le poète après nous avoir montré les deux réactions contraires explicite le poème en écrivant le vers suivant :

" Bonsoir – ce crapaud - là c'est moi ! "

Tout s'éclaire alors, le narrateur n'est autre que le poète qui se ~~compare~~ et ~~compose~~ compare également les autres poètes (le " moi " est universel) à un crapaud. Le vers est mis en valeur par une ligne pointillée qui l'isole du poème et souligne son importance.

Il dénonce donc dans ce poème les dures conditions de vie du poète au XIX ème siècle.

A cette époque, la poésie a peu de succès. Les poètes n'ont pas le droit à une grande attention de la ~~part~~ des gens lettrés hormis les romanciers qui eux connaissent un grand succès. Ils sont incompris. Ce rejet est symbolisé par la femme qui ne veut pas voir le crapaud.

Ce manque d'attention est aussi évoqué par le fait que le crapaud chante de nuit dans l'indifférence quasi-générale.

Annotations marginales : (ponctuation) ; répétition ; md ; Enchaînez vos phrases ; chute + effet de surprise + division ; md suite du devoir :

La lune adoucit l'atmosphère oppressante car elle est l'inspiratrice du poète mélancolique comme Tristan Corbière qui intitule son recueil Les Amours jaunes et rapprochant "Amours" de "jaune" sous-entend que les Amours sont fanés.

Le peu de succès qu'a la poésie ne suffit pas à l'auteur pour vivre décemment ; le poète est miséreux.

C'est pourquoi il vit dans un taudis qui est symbolisé ici par le dessous du "massif", "dans l'ombre" (ce qui rappelle son isolement). C'est le "Rossignol de la boue" ce qui associe la beauté de sa création au répugnant. Mal nourri, il est déjà à moitié mort : "Enterré" ce qui renforce son sentiment d'abandon.

Il est sensible aux critiques qui le rendent "froid", éteignent son inspiration symbolisée par la lumière de son oeil : après les cris d'horreur de la femme "il s'en va, froid".

Le poète est ~~ensuite~~ présenté comme vital car il a un "oeil de lumière". La "nuit" symbolise la vie terne des français, insensibles à la beauté qui les entourent ; le poète connaissant cette beauté et la célébrant dans l'anonymat, il est la petite lumière qui subsiste dans la nuit collective.

A travers l'assimilation du poète à un crapaud, Tristan Corbière rappelle la situation des poètes mis en marge de la société, véritables parias. Pourtant la poésie est pour lui la lumière de la vie qui doit être associée à la beauté.

(2)

COPIE 3

COPIE 3

Ce poème fait écho à plusieurs de Baudelaire comme __l'Albatros__ et __Le Vieux Saltimbanque__ où Baudelaire déplore l'incompréhension du peuple face au poète et l'oubli dans lequel il demeure.

CONSIGNES ET CONDITIONS

Commentaire rédigé sur table en quatre heures, en classe de première.

APPRÉCIATION DE LA COPIE

Le poème est bien compris et l'analyse satisfaisante. Il faut maintenant travailler l'enchaînement des idées, améliorer le style, revoir la présentation et préciser certains points de l'analyse (l'autodérision par exemple). Un ensemble encourageant pour un premier devoir !

NOTE DE LA COPIE

13/20

COMMENTAIRE DÉTAILLÉ

CE QUI EST BIEN

- **L'introduction et la conclusion**, les références littéraires.
- Les thèmes abordés, en particulier l'alliance de la beauté et de la laideur, le dialogue amoureux dans un cadre nocturne, (topos romantique qui est ici détourné).
- **Le plan**
  - **1. La découverte d'un crapaud dans un cadre lugubre**
    - A. Dialogue dans la nuit
    - B. Un chant émerge de l'obscurité
  - **2. Initiation à la beauté de la laideur**
    - A. Dépasser les apparences
    - B. Une réaction de dégoût
  - **3. Le symbole du poète**
    - A. Un poète incompris et paria…
    - B. Mais qui illumine la nuit par son chant
- **L'alliance du fond et de la forme** : par exemple, l'oxymore *Rossignol de la boue* pour illustrer la beauté du laid.
- La référence au **mythe du poète maudit**.

CE QUI DOIT ÊTRE CORRIGÉ

- **La rigueur du plan** au niveau des sous-parties : il y a trop de paragraphes dans la première partie.
- Il ne faut surtout pas aller à la ligne à chaque phrase : la clarté du plan doit être immédiatement lisible et mis en valeur par les paragraphes et les alinéas.
- Rappel des règles de **présentation** :
  - on ne saute pas de lignes à l'intérieur des parties ;
  - on saute une ligne après l'introduction et entre les grandes parties et avant la conclusion ;
  - on laisse un alinéa pour les sous-parties (A. B. C.) ;
  - on ne va pas à la ligne pour le 1) 2) 3) ;
  - on met la conclusion-transition à la fin de la partie, sans sauter de ligne.
- **La rédaction** :
  - maladresses dans l'introduction : il faudrait revoir l'annonce du plan, on pourrait écrire : « Il s'agira d'étudier d'une part, la découverte hasardeuse d'un crapaud qui chante dans un cadre lugubre, d'autre part, les réactions opposées que suscite cette découverte, puis la portée symbolique de ce crapaud, qui apparaît comme l'allégorie du poète, à la fois maudit et nécessaire » ;
  - le style de la première partie est maladroit, trop de répétitions de *car, c'est* ; les phrases s'enchaînent mal ;
  - il faut varier le début des phrases, elles commencent trop souvent par *il* ou *c'est* ;
  - il ne faut pas utiliser de parenthèses, elles sont à la rigueur tolérées pour les lignes ; l'insertion des citations est à revoir.
- **Des affirmations à nuancer** : plutôt que de vouloir essayer de tout expliquer il faudrait souligner le caractère obscur de la narration qui résiste à l'interprétation. Il s'agit d'entretenir le mystère afin de mettre le lecteur mal à l'aise et de préparer le coup de théâtre final.

CE QUI DOIT ÊTRE APPROFONDI

- L'étude des **registres** : on trouve **un registre fantastique,** lié à l'étrangeté qui se dégage de ce poème en raison de son écriture presque télégraphique et du cadre nocturne qui crée un décor d'ombres inquiétantes : *La lune plaque en métal clair/Les découpures du vert sombre.* (v. 2 et 3). En outre, le texte est aussi traversé par un **registre ironique** et **une touche d'autodérision,** comme le soulignent l'effet de chute qui assimile le crapaud au poète et l'écriture ludique du poème. De fait, Corbière, atteint très jeune par la tuberculose et d'apparence très maigre, se reconnaissait dans cet animal repoussant.
- **La chute finale,** mise en valeur par l'isolement du vers, crée un coup de théâtre qui consiste à assimiler le crapaud au poète dans une formule qui s'adresse au lecteur sur un ton inattendu.
- Insister sur l'écriture hachée, saccadée et inhabituelle de ce poème, qui **remet en cause le lyrisme traditionnel.** Aux mélodies de la lyre, s'est en effet substitué le coassement du crapaud.

- L'étude de **la versification** : on a ici des octosyllabes, le vers 9 posant problème puisque si l'on prononce po-è-te on arrive à 9 syllabes, le mot suivant commençant par une consonne, sinon il faut faire une synérèse inhabituelle qui tombe justement sur un mot-clé du poème. Le poète délaisse ici le noble alexandrin pour des vers plus brefs.
- L'omniprésence de **la ponctuation** : on trouve beaucoup de points de suspension et de tirets qui peuvent s'expliquer, à l'exception du premier, par la présence d'un dialogue. Une ligne de points sépare le dernier vers, le mettant ainsi en valeur et créant un effet de chute.
- **En conclusion** :
  - on peut faire allusion à **l'alchimie baudelairienne** : *tu m'as donné ta boue et j'en ai fait de l'or!* (Ébauche d'un épilogue pour la deuxième édition des *Fleurs du mal*);
  - on peut aussi rapprocher *Le Crapaud* de *L'Albatros* de Baudelaire, autre allégorie du poète maudit. Toutefois, Corbière, avec l'image du crapaud *tondu, sans aile* qui *vit dans la boue*, porte un coup supplémentaire au mythe du poète sacré, élu des dieux. En effet, chez Baudelaire, *le prince des nuées* ne devenait ridicule qu'au contact des autres hommes et demeurait, loin d'eux, *le roi de l'azur*. L'allégorie du crapaud sonne le glas d'une représentation divine du poète, *mage* ou *prophète*;
  - on peut citer également *Le Lombric* (nom savant du ver de terre) de Roubaud. Là encore, Roubaud choisit un animal qui entraîne une réaction de rejet et de dégoût, mais à la différence de Corbière, il n'y a pas dans le poème d'autodérision ou d'ironie : Roubaud véhicule moins l'image d'un poète maudit que celle d'un poète modeste dont le travail est utile et nécessaire.

L'ALBATROS

Souvent, pour s'amuser, les hommes d'équipage
Prennent des albatros, vastes oiseaux des mers,
Qui suivent, indolents compagnons de voyage,
Le navire glissant sur les gouffres amers.

À peine les ont-ils déposés sur les planches,
Que ces rois de l'azur, maladroits et honteux,
Laissent piteusement leurs grandes ailes blanches
Comme des avirons traîner à côté d'eux.

Ce voyageur ailé, comme il est gauche et veule !
Lui, naguère si beau, qu'il est comique et laid !
L'un agace son bec avec un brûle-gueule,
L'autre mime, en boitant, l'infirme qui volait !

Le Poète est semblable au prince des nuées
Qui hante la tempête et se rit de l'archer ;
Exilé sur le sol au milieu des huées,
Ses ailes de géant l'empêchent de marcher.

Baudelaire, *Les Fleurs du mal*, 1861.

FRANCIS PONGE (1899–1988), *LE PARTI PRIS DES CHOSES*, « LE PAIN »,1942

LE PAIN

La surface du pain est merveilleuse d'abord à cause de cette impression quasi panoramique qu'elle donne : comme si l'on avait à sa disposition sous la main les Alpes, le Taurus(1) ou la Cordillère des Andes.

Ainsi donc une masse amorphe en train d'éructer fut glissée pour nous dans le four stellaire, où durcissant elle s'est façonnée en vallées, crêtes, ondulations, crevasses… Et tous ces plans dès lors si nettement articulés, ces dalles minces où la lumière avec application couche ses feux – sans un regard pour la mollesse ignoble sous-jacente.

Ce lâche et froid sous-sol que l'on nomme la mie a son tissu pareil à celui des éponges : feuilles ou fleurs y sont comme des sœurs siamoises soudées par tous les coudes à la fois. Lorsque le pain rassit ces fleurs fanent et se rétrécissent : elles se détachent alors les unes des autres, et la masse en devient moins friable…

Mais brisons-la : car le pain doit être dans notre bouche moins objet de respect que de consommation.

Francis Ponge, *Le Parti pris des choses*, éditions Gallimard, 1942.

Sujet d'annales, session 2006, épreuves anticipées de français, série L.
Question de corpus : « Comment justifiez-vous que ces textes appartiennent à la poésie ? Montrez qu'ils sont tous construits selon une progression comparable ».

(1) Chaîne de montagnes de la Turquie méridionale.

Le Parti pris des choses — Francis Ponge

4 Sissons – 1re

Le pain

Le XXe siècle a été marqué, dans le monde entier, par l'horreur de la guerre. C'est aussi à ce siècle que s'est répendu, en Europe, le mouvement surréaliste. Celui-ci s'exprime au travers de la peinture, comme avec le peintre Salvador Dali, mais aussi en littérature et particulièrement en poésie comme le montre le poème "Le pain" du Parti pris des choses de Francis Ponge. Écrit pendant l'occupation allemande lors de la Seconde Guerre mondiale, le poème décrit, sur un ton décalé, un élément de la vie quotidienne : le pain.

md

md

accroche à revoir

En quoi la description minutieuse du pain nous révèle-t-elle le regard décalé du poète et la conception surréaliste de la vie selon Francis Ponge ?

problématique à revoir

Les différentes parties du pain font, tout d'abord, l'objet de multiples comparaisons au cours d'une description très précise. Le poète nous donne aussi ses impressions originales vis à vis de cet aliment du quotidien. Enfin, c'est l'occasion pour Francis Ponge de nous exposer sa vision du poète et de la création poétique.

Au cours de ce texte, Francis Ponge effectue une description minutieuse du pain. Elle se compose de deux parties principales qui constituent aussi les deux éléments du pain : la croute et la mie. Tout d'abord, "La surface du pain" est amplement observée et décrite par l'auteur. Il évoque sa fabrication de manière très imagée : "[le pain] fut glissé pour nous dans le four stellaire" mais c'est surtout son apparence finale qui l'intrigue. En effet, Ponge compare les reliefs de la croute du pain à des "vallées, crêtes, ondulations, crevasses". Il compare donc le pain à des reliefs géographiques de toutes formes ce qui donne immédiatement au texte un effet saisissant. Il apparente même la croute du pain à des chaînes de montagnes entières : "les Alpes, le Taurus ou la Cordillère des Andes". Les échelles de grandeur sont ici abolies puisqu'il compare les quelques centimètres d'épaisseur de la croute à de véritables chaînes montagneuses qui culminent à 4800 mètres d'altitude pour le Mont-Blanc dans les Alpes ou encore 5600 mètres pour le paseo de Rama dans la Cordillère des Andes. Dans une phrase nominale, il compare enfin la croute du pain à des "dalles minces où la lumière avec application couche ses feux". Cette métaphore, presque lyrique avec l'allusion au coucher de soleil, ainsi que toutes les autres comparaisons, montre bien la source d'imagination et d'images infinies que représente la simple croute de pain pour le poète.

? Dans un deuxième temps, celui-ci décrit de manière tout aussi précise "la mie" du pain. Elle essuie, elle aussi, de nombreuses comparaisons comme celle d'une éponge : "la mie a son tissu pareil à celui des éponges". Le poète veut peut-être ici que le lecteur « voit » véritablement la mie de pain « pour la première fois » qu'il l'appréhende et qu'il lui apporte un regard nouveau. Puis il compare ce tissu à des « éponges siamoises soudées », l'allitération en [s] peut accentuer chez le lecteur la surprise et l'incompréhension vis à vis de cette comparaison.

0 Ponge fait surement référence aux multiples liens qui unissent chaque petit élément de la mie et sa comparaison avec des « feuilles ou fleurs », très imagée par rapport à l'élément comparé, rentre parfaitement dans la logique des surréalistes. Après avoir décrit l'apparence actuelle de la mie, il décrit son devenir au travers de la métaphore des plantes : « Lorsque le pain rassit, ces fleurs fanent et se rétrécissent ». De la fabrication du pain,

0 jusqu'au moment où celui-ci est rassit, la description de la « surface du pain » et de « la mie » sont donc développés et

de manière très imagés. Dans le même temps, au travers de ces descriptions, l'auteur parvient à nous transmettre son regard et ses impressions décalés. Partie [illegible]

md En effet, le regard décalé de Ponge nous apparait dans cette description du pain. Malgré une description qui parait objective

0 il tient à marquer une différence d'appréciation entre la mie et la croûte :

*mot assez laid qui n'est d'ailleurs pas prononcé. « la croûte est merveilleuse » sonne moins bien

D'une part, malgré l'allitération en [r] : « amorphe en train d'éructer » qui brise le rythme de la lecture, la description de la croûte* est globalement positive avec l'adjectif « merveilleuse » et l'évocation de paysages splendides. D'autre part, « la mie » est, elle, entachée de nombreux adjectifs péjoratifs : la répétition du mot « sous-jacente », « sous-sol », les adjectifs « mollesse ignoble » « lâche et froid ». Ces différences de champs lexicaux entraînent un effet de contraste comme si les deux éléments du pain s'opposaient.

COPIE 4

synt.

On peut se demander pourquoi Ponge tient-il à marquer cette différence de conception entre la croûte et la mie alors qu'elle paraît dérisoire ? Mais elle ne l'est pas pour le poète et il tend ainsi à montrer au lecteur son regard décalé. trouvez un autre adjectif

Ces impressions originales sur un objet pourtant si simple de la vie quotidienne donnent au texte une portée comique. En effet, l'accumulation de comparaisons au pain : chaînes de montagne, relief, sol, nature... a un effet surprenant et peut amuser le lecteur. Cet aspect comique peut aussi être souligné par la dernière phrase, seule à commencer par un mot de liaison : "Mais brisons-la : ...". Cette phrase s'oppose complètement au reste du texte par son pragmatisme : "le pain doit être dans notre bouche", "[objet] de consommation". La chute du texte est donc brutale car le lecteur ne s'y attend pas du tout après la multitude de paysages poétiques énoncés auparavant. Enfin, le regard décalé de Ponge transparaît aussi par une certaine liberté formelle qu'il s'autorise, particulièrement soulignée par l'absence de verbe dans la troisième phrase. citez le texte

bonne partie

Par la description minutieuse du pain et son regard décalé, Francis Ponge tend ainsi à donner sa propre définition de la poésie, qu'elle soit en vers ou en prose. Pour lui, le poète doit faire redécouvrir les objets du quotidien à son lecteur. Pour cela, il doit lui-même se les approprier comme le fait Ponge avec le pain. Il appréhende le pain non seulement par le mécanisme de la vision avec les multiples comparaisons

Français (suite)

mais aussi par le toucher "surface", "impression", "sous la main". Avant de décrire l'objet, les surréalistes prennent donc à coeur le fait de le connaître dans son intégralité. On peut comparer, dans une certaine mesure, ces méthodes à celles des naturalistes qui se documentaient amplement afin de réaliser le tableau le plus réaliste possible du milieu qu'ils voulaient représenter. /

C'est donc presque comme une libération que Francis Ponge considère son oeuvre poétique. Il veut redonner à chaque objet décrit une histoire : fabrication "dans le four stellaire", vieillissement "quand le pain rassit" pour le pain. Il veut ainsi nous ouvrir les yeux sur ~~ses~~ objets de la vie courante que nous ne voyons plus. Mais il est tout de même conscient des réalités matérielles comme il le prouve dans la dernière phrase : "moins objet de respect que de consommation". Il veut ainsi montrer au lecteur que, même s'il lui a attaché beaucoup d'importance au pain, celui-ci doit rester un aliment comestible banal. Il accorde donc à son poème moins de sérieux que de legèreté.

00 0 oui mais là encore citez le texte, appuyez-vous plus précisément sur le texte

Dans son texte que l'on peut considérer comme une poésie en prose, Francis Ponge a donc réussi l'exercice littéraire de mêler description et interprétation. En effet, par une multitude de comparaisons, il nous a donné une appréciation très personelle du pain. Au travers de cette description minutieuse et de son regard décalé, nous est aussi apparue sa propre conception du rôle du poète.

0

COPIE 4

COPIE 4

CONSIGNES ET CONDITIONS

Commentaire rédigé sur table en quatre heures, en classe de première.

APPRÉCIATION DE LA COPIE

Très bon devoir. Veillez toutefois à toujours citer précisément le texte et à bien commenter les figures de style. Vous passez trop vite sur la dimension symbolique du pain et en même temps le refus, à la fin du poème, de trop le sacraliser.

NOTE DE LA COPIE

16/20

COMMENTAIRE DÉTAILLÉ

CE QUI EST BIEN

- **L'introduction et la conclusion**
- **Le plan**
  - **1. Une description minutieuse et objective du pain**
    - A. La croûte
    - B. La mie
  - **2. Une vision subjective et décalée**
    - A. La différence entre la mie et la croûte
    - B. Des aspects comiques
  - **3. Rôle du poète et de la poésie**
    - A. Rôle du poète...
    - B. ... et de la poésie
- L'opposition entre la croûte et la mie, les connotations mélioratives et péjoratives qui correspondent à la fois à une vision subjective du pain et à la volonté d'en présenter **toutes les facettes et les contrastes.**
- L'étude du **registre comique et humoristique**.
- **Le rôle de la poésie** est bien vu : le poète est celui qui fait redécouvrir les objets du quotidien, comme le disait Cocteau : « Mettez un lieu commun en place, nettoyez-le, frottez-le, éclairez-le de telle sorte qu'il frappe avec sa jeunesse et avec la même fraîcheur, le même jet qu'il avait à sa source, vous ferez œuvre de poète » (Jean Cocteau 1889-1963, *Le Secret professionnel*, 1926).

CE QUI DOIT ÊTRE CORRIGÉ

- Donner la **date du recueil** en introduction : 1942.
- **La problématique** pourrait être formulée ainsi : « Comment Ponge, dans ce poème, renouvelle-t-il le regard que l'on porte sur le pain ? »
- Il ne faudrait pas trop insister sur l'appartenance du poète au surréalisme : si Ponge se rapproche du mouvement, cette adhésion est brève et son œuvre ne reflète pas vraiment les ambitions du surréalisme. La modernité de Ponge réside avant tout dans l'attention qu'il porte aux objets les plus insignifiants, dans le désir de prendre *le parti pris des choses* et la volonté de se débarrasser du lyrisme traditionnel.
- Les surréalistes ne cherchaient pas à donner une image réaliste et documentée de la réalité mais plutôt une vision spontanée et originale de celle-ci.
- **Le texte doit être davantage cité.**
- Dernière partie trop générale, trop bavarde : il aurait fallu **s'appuyer davantage sur le texte.**
- Faire **une ouverture en conclusion** : « Ponge propose donc à travers une description originale du pain, une double leçon de vie et de poésie. De même, dans un autre poème, l'huître devient sous sa plume une allégorie de l'écriture. »

CE QUI DOIT ÊTRE APPROFONDI

- On pourrait dans la première partie montrer que le pain constitue en lui-même un microcosme, c'est-à-dire un reflet du monde en miniature.
- On pourrait revenir sur la **dimension symbolique du pain** : le pain est un symbole religieux, l'hostie consacrée au moment de l'Eucharistie renvoie au corps du Christ, le pain désigne alors une nourriture spirituelle.
- On pourrait étudier aussi la **dimension poétique du pain** : le thème choisi est surprenant dans la mesure où il s'agit d'un objet tiré de notre quotidien le plus ordinaire. Pourtant, Ponge parvient à faire de cet objet banal un sujet poétique grâce à différents procédés :
  - les nombreuses **métaphores** qui font de la mie une croûte terrestre, du pain une sphère et de sa surface une chaîne de montagnes mais aussi une fleur qui se fane quand le pain rassit ;
  - par la **mise en abyme** qui rapproche la fabrication du pain de celle du poème : de même que la cuisson transforme la pâte en croûte, le poète, par son écriture, métamorphose un objet banal en sujet poétique ;
  - toutefois Ponge refuse de prendre trop au sérieux cet objet et de le sacraliser, même si le pain revêt une dimension spirituelle. **Les jeux de mots** comme *brisons-la* (à prendre au sens propre comme au sens figuré : brisons le pain ou arrêtons notre propos) ou *dans notre bouche* (qui désigne à la fois la mastication et la parole), s'ils sont des indices d'une réflexion sur la poésie, sont aussi là pour en montrer les limites : le pain demeure avant tout un objet de consommation et le poème en prose doit rester une forme brève.

- En **conclusion**, on peut rappeler le projet de l'auteur :
  - *Je propose à chacun l'ouverture de trappes intérieures, un voyage dans l'épaisseur des choses, une invasion de qualités, une révolution ou une subversion comparable à celle qu'opère la charrue ou la pelle, lorsque, tout à coup et pour la première fois, sont mises au jour des millions de parcelles, de paillettes, de racines, de vers et de petites bêtes jusqu'alors enfouies. O ressources infinies de l'épaisseur des choses, rendues par les ressources infinies de l'épaisseur sémantique des mots!*

Francis Ponge, *Le Parti pris des choses*, éditions Gallimard, 1942.

II. LE ROMAN

STENDHAL (1783-1842), *LA CHARTREUSE DE PARME*, 1839

Fabrice del Dongo, jeune noble milanais, éperdu d'admiration pour Napoléon, se retrouve dans les rangs des hussards français lors de la bataille de Waterloo en 1815. Cependant il éveille les soupçons...

– Où as-tu pris ce cheval ?

Fabrice était tellement troublé qu'il répondit en italien :

– *L'ho comprato poco fa.* (Je viens de l'acheter à l'instant).

– Que dis-tu ? lui cria le général.

Mais le tapage devint tellement fort en ce moment, que Fabrice ne put lui répondre. Nous avouerons que notre héros était fort peu héros en ce moment. Toutefois la peur ne venait chez lui qu'en seconde ligne ; il était surtout scandalisé de ce bruit qui lui faisait mal aux oreilles. L'escorte prit le galop ; on traversait une grande pièce de terre labourée, située au-delà du canal, et ce champ était jonché de cadavres.

– Les habits rouges (1) ! les habits rouges ! criaient avec joie les hussards de l'escorte, et d'abord Fabrice ne comprenait pas ; enfin il remarqua qu'en effet presque tous les cadavres étaient vêtus de rouge. Une circonstance lui donna un frisson d'horreur ; il remarqua que beaucoup de ces malheureux habits rouges vivaient encore ; ils criaient évidemment pour demander du secours, et personne ne s'arrêtait pour leur en donner. Notre héros, fort humain, se donnait toutes les peines du monde pour que son cheval ne mît les pieds sur aucun habit rouge. L'escorte s'arrêta ; Fabrice, qui ne faisait pas assez d'attention à son devoir de soldat, galopait toujours en regardant un malheureux blessé.

– Veux-tu bien t'arrêter, blanc-bec! lui cria le maréchal des logis. Fabrice s'aperçut qu'il était à vingt pas sur la droite en avant des généraux, et précisément du côté où ils regardaient avec leurs lorgnettes. En revenant se ranger à la queue des autres hussards restés à quelques pas en arrière, il vit le plus gros de ces généraux qui parlait à son voisin, général aussi, d'un air d'autorité et presque de réprimande; il jurait. Fabrice ne put retenir sa curiosité; et, malgré le conseil de ne point parler, à lui donné par son amie la geôlière (2), il arrangea une petite phrase bien française, bien correcte, et dit à son voisin :

– Quel est ce général qui gourmande son voisin ?

– Pardi, c'est le maréchal !

– Quel maréchal ?

– Le maréchal Ney (3), bêta ! Ah çà ! Où as-tu servi jusqu'ici ?

Fabrice, quoique fort susceptible, ne songea point à se fâcher de l'injure; il contemplait, perdu dans une admiration enfantine, ce fameux prince de la Moskova, le brave des braves.

Stendhal, *La Chartreuse de Parme*, I, III, 1839.

(1) Fantassins anglais.

(2) Femme qui a permis à Fabrice de sortir de prison : repéré comme étranger celui-ci avait été emprisonné.

(3) Célèbre maréchal d'Empire (1769-1915), nommé prince de la Moskova lors de la campagne de Russie.

Commentaire

Après Le Rouge et le Noir, Stendhal publie en 1839 La Chartreuse de Parme. Ce roman suit les aventures d'un jeune noble milanais Fabrice del Dongo dont l'admiration pour Napoléon l'a poussé à rejoindre les rangs des soldats de l'empereur. Le texte étudié est extrait du Livre I, chapitre III, Fabrice est parvenu à se glisser parmi les hussards français. L'action se situe en pleine bataille de Waterloo.

Comment ce passage se démarque-t-il du traditionnel récit de guerre ?

Nous verrons que la scène de bataille est décrite sur un mode réaliste, que le personnage principal est un héros "fort humain" enfin nous étudierons la distance critique du narrateur.

Le réalisme de l'épisode passe à la fois par la réalité historique dans laquelle il est ancré et par les descriptions des réalités de la guerre.

La scène se situe dans un contexte spatio-temporel précis : la plaine de Waterloo lors de la bataille de 1815 durant les guerres napoléoniennes. La bataille oppose les hussards de l'Empereur aux "habits rouges", c'est-à-dire les fantassins anglais. Stendhal a choisi un épisode fameux de l'histoire de France permettant ainsi à son lecteur de considérer chaque événement rapporté comme un fait réel, bien que cela ne soit pas nécessairement toujours le cas. Le texte évoque "une grande pièce de terre labourée, située au delà du canal" et "un champ". Ces indications précises renforcent le réalisme en permettant au lecteur de visualiser le décor. La vérité historique est également mise en place par la mention du maréchal d'Empire Ney, figure célèbre des campagnes napoléoniennes. La vraisemblance établie par le contexte empêche ~~alors~~ toute idéalisation de la bataille. Il n'est pas question de célébrer un fait d'arme en évoquant les clameurs et la bravoure des combattants, il s'agit de peindre objectivement la scène. Ainsi on ne voit pas des ennemis glorieusement tenaces mais un "champ [...] jonché de cadavres" et des hommes agonisants, dont les râles de douleur restent ignorés par les vivants. Ce que l'on entend, ce n'est pas l'éclat des épées mais un "tapage" assourdissant, un "bruit qui [...] faisait mal aux oreilles". Stendhal ne masque pas l'horreur toutefois il ne se complaît pas dans le sordide, le passage sur les cadavres est rapidement abrégé, le roman comme son héros poursuit un autre objectif. D'ailleurs Fabrice est le seul à prêter attention aux mourants, le reste de la troupe restant préoccupé par ce qui compte avant tout dans une telle situation : l'évolution de la bataille.

Les paroles rapportées au discours direct ajoutent au réalisme de la scène, qu'il s'agisse de l'Italien de Fabrice "l'ho comprato poco fa", immédiatement traduit par l'auteur" ou du langage familier du hussard : "Pardi, c'est le maréchal !" "Le maréchal Ney, bêta ! Ah ça !"

Dans cette violence qu'est la réalité militaire, le héros, un jeune homme issu d'une famille de la noblesse ne semble pas à sa place.

Fabrice est loin de l'image du preux chevalier donné par le roman médiéval. C'est un soldat maladroit car avant tout un jeune homme sensible. B

Au lieu d'un combattant impassible, Stendhal prend pour héros un jeune aventurier rapidement dépassé par les évènements. D'abord "troublé" par le tapage, il est par la suite "scandalisé" par le bruit, qui blesse ses oreilles

B sans doute habituées à des musiques plus raffinées. Il perd ses moyens et manque de se trahir en parlant italien au général. Sa maladresse et sa distraction sont rapidement repérées par ses supérieurs qui ne manquent pas de le rappeler à l'ordre : "Veux-tu bien t'arrêter blanc bec !". Le jeune homme n'est d'ailleurs pas très vif, en entendant les cris de joie des hussards, il "ne comprenait pas". Fabrice n'incarne donc pas le héros des guerres napoléoniennes, capable de maîtriser l'ennemi, il a en effet du mal à se contrôler lui-même et "ne put retenir sa curiosité". Il agit en dépit des conseils sensés qui lui ont été donnés au risque de se retrouver une nouvelle fois dans une situation difficile. Le décalage entre les actions de Fabrice et la réalité qui l'entoure révèle son caractère délicat et rêveur. C

Fort peu habitué à la violence de la guerre, Fabrice ne manque pas d'avoir peur, ni de se sentir parcouru par "un

o frisson d'horreur" devant les blessés agonisants. La pitié

B qu'il éprouve touche presque à l'empathie comme le montre l'emploi de l'adjectif "malheureux". Son

répété deux fois attitude semble un peu ridicule, à se donner "toutes les peines du monde" pour épargner les hommes gisant à terre. L'hyperbole accentue le pathétique de la situation, la précaution est vaine. Le comportement de Fabrice est à l'opposé de celui de ses compagnons, tous joyeux à la vue des cadavres. Malgré une sensibilité peu adaptée à la circonstance, le héros est attachant car il est "fort humain." Stendhal en convient lui même "notre héros était fort peu héros". juste

L'utilisation de la première personne par le narrateur qui semble prendre le lecteur à parti, le met dans une position ambigüe et nous amène à étudier la distance qu'il prend par rapport à son récit.

A la lecture de ce texte, l'on ressent la position légèrement critique de l'auteur qui n'hésite pas à désacraliser un genre traditionnel tout en voulant prendre du recul sur les idéaux incarnés par Napoléon.

Lorsque l'on se remémore des chants médiévaux à la gloire des grands chevaliers, comme La Chanson de Roland, il est évident que Fabrice ne tient pas la comparaison. Mais c'est toute l'ambition du réalisme que de transcrire en mots ce qui est la réalité. Au XIXe siècle, le roman a une nouvelle ambition : laisser au futur une trace, une représentation la plus fidèle possible de ce qui a exister. Il faut dire ce qui est, tant pis si le héros est un "bêta". Le chevalier se transforme en "gros" général. B

L'ironie ~~de l'auteur~~ est perceptible dans la formule "une petite phrase bien française, bien correcte" où la répétition du qualificatif "bien" rythme l'antiphrase. Stendhal semble se rire de la fierté des troupes françaises et

COPIE 1

B de ses généraux. Avec le recul il sait qu'aux "cris de joie" succèdera le goût amer de la défaite. "Waterloo! Waterloo, morne plaine!" Le mythe Napoléonien qui poursuit inlassablement le héros de la Chartreuse a marqué toute la génération romantique à laquelle appartient Fabrice. L'extrait s'achève sur la contemplation du jeune homme "perdu dans une admiration enfantine" devant "ce fameux prince de la Moskova, le brave des braves". Cette dernière phrase révèle toutes les illusions qui bercent l'esprit du jeune Milanais. Lorsque l'auteur après des siècles de roman a retrouvé un point de vue objectif, c'est au tour de son héros d'idéaliser la figure du guerrier. Les tournures hyperboliques sont insistantes : "fameux guerrier", "brave des braves" ici c'est le point de vue interne qui est adopté, quelques lignes plus haut c'était le point de vue omniscient du narrateur, le même homme étant désigné par l'expression peu flatteuse " le plus gros des généraux". "L'admiration enfantine" de la jeunesse romantique pour l'Aigle est tournée en dérision.

Ainsi par le point de vue critique adopté et le choix de mettre en scène un presque "anti-héros (quoiqu'il soit très attachant) dans un cadre réaliste, ce texte se démarque de la tradition du roman chevaleresque.

vous pouvez ouvrir sur le texte de Calvino

CONSIGNES ET CONDITIONS

Commentaire rédigé en classe de première sur table en trois heures, les élèves avaient à répondre auparavant à une question de corpus.

APPRÉCIATION DE LA COPIE

Un commentaire clair et bien rédigé. Les enjeux du texte sont compris et l'analyse est assez précise, même si l'étude du registre ironique aurait pu être précisée.

NOTE DE LA COPIE

17/20

COMMENTAIRE DÉTAILLÉ

CE QUI EST BIEN

- **L'introduction** : la situation, la problématique et le plan sont satisfaisants, même si la présentation de l'auteur est un peu rapide.
- **La problématique** : *comment le texte renouvelle le topos de la scène de bataille* est intéressante.
- **Le plan**
  - **1. Une scène militaire réaliste**
    - A. Un contexte réaliste
    - B. Au cœur de la bataille
  - **2. Fabrice, un héros fort humain**
    - A. Un héros décalé
    - B. Une sensibilité déplacée
  - **3. La distance critique du narrateur**
    - A. Un héros bêta…
    - B. …perdu dans une admiration enfantine
- **Les thèmes** abordés sont justes.
- **L'évolution du héros** : du guerrier chevaleresque de *La chanson de Roland* au soldat novice de *La Chartreuse de Parme*, on est passé de l'idéalisme au réalisme.
- La référence au **mythe napoléonien**.
- Le **style** est fluide et le vocabulaire précis. On peut relever quelques bonnes tournures, par exemple :
  - *la vraisemblance établie par le contexte empêche toute idéalisation de la bataille ;*
  - *Fabrice est loin de l'image du preux chevalier ;*
  - *le mythe napoléonien que poursuit inlassablement le héros de La Chartreuse a marqué toute la génération romantique à laquelle appartient Napoléon.*

- **Bonne progression** d'un paragraphe à l'autre. Les introductions partielles et les transitions sont très claires.
- **L'analyse stylistique** est assez précise et les notions littéraires maîtrisées (réalisme, discours, points de vue, etc.).
- **La conclusion** : la notion d'*anti-héros* replace l'extrait dans le groupement de textes et la parenthèse (*ce héros plutôt ridicule demeure attachant*) souligne bien la particularité de ce passage qui décrit le héros à travers un regard ironique doublé d'une certaine sympathie.

CE QUI DOIT ÊTRE CORRIGÉ

- Les **fautes d'orthographe**.
- Préciser l'analyse stylistique et en particulier l'étude de **l'ironie**.

CE QUI DOIT ÊTRE APPROFONDI

- **Un héros en porte à faux, au niveau de ses prises de parole :**
  - parle en italien (l.3) alors qu'il se trouve au milieu des hussards français, il risque alors d'être pris pour un ennemi potentiel ;
  - ne répond pas quand on lui parle (l.5) ;
  - parle alors qu'on lui avait conseillé de ne pas parler ;
  - utilise un langage soutenu quand les autres soldats s'expriment de manière familière (décalage entre *gourmande* l.25, c'est-à-dire réprimander, et *Pardi* l.26 ou *bêta* l.28).
- **... comme au niveau de ses actions :**
  - galope alors que les autres sont arrêtés (l.17) ;
  - montre de la compassion envers les blessés, même ennemis, au lieu de se comporter en vaillant soldat ;
  - admire béatement le maréchal Ney et ne le reconnaît pas (l.27) ;
  - n'a aucune connaissance de la situation militaire dans laquelle il se trouve et est incapable d'appréhender la réalité dans son ensemble.
- Insister sur la **présence critique du narrateur**, visible à travers les différentes interventions de celui-ci :
  - l'antiphrase *notre héros* ;
  - la complicité avec le lecteur : *nous avouerons* (l.6).
- Le choix d'un point de vue interne auquel se mêlent les interventions du narrateur, permet à l'auteur d'offrir un portrait plus nuancé de son personnage et d'alterner entre **jugement critique et sympathie moqueuse** afin de montrer comment l'admiration et l'idéalisme de Fabrice se heurtent à la réalité de la guerre.
- **En conclusion**, on peut rapprocher Fabrice de Candide, dont le regard décalé permet à Voltaire de faire une critique virulente de la guerre, véritable *boucherie héroïque*.

CHAPITRE III
COMMENT CANDIDE SE SAUVA D'ENTRE LES BULGARES, ET CE QU'IL DEVINT

Rien n'était si beau, si leste, si brillant, si bien ordonné que les deux armées. Les trompettes, les fifres, les hautbois, les tambours, les canons, formaient une harmonie telle qu'il n'y en eut jamais en enfer. Les canons renversèrent d'abord à peu près six mille hommes de chaque côté ; ensuite la mousqueterie ôta du meilleur des mondes environ neuf à dix mille coquins qui en infectaient la surface. La baïonnette fut aussi la raison suffisante de la mort de quelques milliers d'hommes. Le tout pouvait bien se monter à une trentaine de mille âmes. Candide, qui tremblait comme un philosophe, se cacha du mieux qu'il put pendant cette boucherie héroïque.

Enfin, tandis que les deux rois faisaient chanter des *Te Deum*, chacun dans son camp, il prit le parti d'aller raisonner ailleurs des effets et des causes. Il passa par-dessus des tas de morts et de mourants, et gagna d'abord un village voisin ; il était en cendres : c'était un village abare que les Bulgares avaient brûlé, selon les lois du droit public. Ici des vieillards criblés de coups regardaient mourir leurs femmes égorgées, qui tenaient leurs enfants à leurs mamelles sanglantes ; là des filles, éventrées après avoir assouvi les besoins naturels de quelques héros, rendaient les derniers soupirs ; d'autres, à demi brûlées, criaient qu'on achevât de leur donner la mort. Des cervelles étaient répandues sur la terre à côté de bras et de jambes coupés.

Voltaire, *Candide ou l'Optimisme*, ch. III, 1759.

GUSTAVE FLAUBERT (1821-1880), *MADAME BOVARY*, I, IX, 1857

Nourrie dans sa jeunesse de lectures romanesques, Emma Bovary connaît auprès de son mari Charles l'ennui et le dégoût d'une vie provinciale médiocre.

Elle aurait voulu que ce nom de Bovary, qui était le sien, fût illustre, le voir étalé chez les libraires, répété dans les journaux, connu par toute la France. Mais Charles n'avait point d'ambition ! Un médecin d'Yvetot, avec qui dernièrement il s'était trouvé en consultation, l'avait humilié quelque peu, au lit même du malade, devant les parents assemblés. Quand Charles lui raconta, le soir, cette anecdote, Emma s'emporta bien haut contre le confrère. Charles en fut attendri. Il la baisa au front avec une larme. Mais elle était exaspérée de honte, elle avait envie de le battre, elle alla dans le corridor ouvrir la fenêtre et huma l'air frais pour se calmer.

– Quel pauvre homme ! quel pauvre homme ! disait-elle tout bas, en se mordant les lèvres.

Elle se sentait, d'ailleurs, plus irritée de lui. Il prenait, avec l'âge, des allures épaisses ; il coupait, au dessert, le bouchon des bouteilles vides ; il se passait, après manger, la langue sur les dents ; il faisait, en avalant sa soupe, un gloussement à chaque gorgée, et, comme il commençait d'engraisser, ses yeux, déjà petits, semblaient remontés vers les tempes par la bouffissure de ses pommettes.

Emma, quelquefois, lui rentrait dans son gilet la bordure rouge de ses tricots, rajustait sa cravate, ou jetait à l'écart les gants déteints qu'il se disposait à passer ; et ce n'était pas, comme il croyait, pour lui ; c'était pour elle-même, par expansion d'égoïsme, agacement nerveux. Quelquefois aussi, elle lui parlait des choses qu'elle avait lues, comme d'un passage de roman, d'une pièce nouvelle, ou de l'anecdote du grand monde que l'on racontait dans le feuilleton ; car, enfin, Charles était quelqu'un, une oreille toujours ouverte, une approbation toujours prête. Elle faisait bien des confidences à sa levrette ! Elle en eût fait aux bûches de la cheminée et au balancier de la pendule.

Au fond de son âme, cependant, elle attendait un événement. Comme les matelots en détresse, elle promenait sur la solitude de sa vie des yeux désespérés, cherchant au loin quelque voile blanche dans les brumes de l'horizon. Elle ne savait pas quel serait ce hasard, le vent qui le pousserait jusqu'à elle, vers quel rivage il la mènerait, s'il était chaloupe ou vaisseau à trois ponts, chargé d'angoisses ou plein de félicités jusqu'aux sabords. Mais, chaque matin, à son réveil, elle l'espérait pour la journée, et elle écoutait tous les bruits, se levait en sursaut, s'étonnait qu'il ne vînt pas ; puis, au coucher du soleil, toujours plus triste, désirait être au lendemain.

Gustave Flaubert, *Madame Bovary*, I, IX, 1857.

COMMENTAIRE

En 1857, se déroulent simultanément le procès et la parution du roman de Flaubert, intitulé *Madame Bovary*. Accusé d'atteinte aux bonnes moeurs, ce livre retrace l'échec de toute une vie après le mariage d'Emma Bovary qui se plongera, très vite, dans "les délices de l'adultère". Dans l'extrait étudié, Emma s'éveille à la dure réalité et se retrouve confrontée à toutes ses désillusions, notamment la première, son mari Charles Bovary. Aux antipodes de l'homme rêvé, Emma nous offre un portrait minutieux et méprisant de son époux. Cependant, à travers cette caricature, se dessine les contours du portrait d'Emma. Dans ce tableau ironique de ces deux personnages, de ces deux anti-héros, Flaubert dénonce les excès du romantisme et la classe bourgeoise. Il s'agira de voir, dans un premier temps, le portrait de Charles qui introduit, par la suite, celui d'Emma. Enfin, il s'agira d'étudier la synthèse que dresse Flaubert de ces deux anti-héros dans un point de vue critique et ironique.

3-M

Emma méprise ~~profondément~~ son mari. Elle l'exprime admirablement, dans ce portrait qu'elle dresse de Charles Bovary, où son époux apparaît dans toute sa médiocrité. B

B Charles Bovary est homme sans ambition et sans éclat. Il ne correspond donc pas à l'image ~~de~~ du héros qui

synt. éblouit ~~de~~ par ses exploits et sa gloire. Charles, lui, apparaît comme médiocre, et Emma le mentionne dès le début de sa description "Mais Charles n'avait point d'ambition !" L'exclamation d'Emma Bovary renforce son mépris pour Charles. Son premier défaut parmi tant d'autres, est, selon Emma, son manque d'ambition qui fait toute la platitude du personnage. Cette vision de l'homme sans éclat est à l'encontre de l'homme idéalisé

cit. mal introduit par Emma, fort, instruit et illustre. "qui était le sien

verbe ? fut illustre". Un homme qui n'a pas d'ambition mais également pas de ~~fierté~~ d'amour propre. En effet, pour lui, le fait d'être

00 humilié~~e~~ par un de ses confrères n'est qu'une "anecdote". "Quand Charles lui raconta, le soir, cette anecdote". Charles lui raconte cette humiliation alors que s'il avait eu un petit peu de fierté, il l'aurait gardé pour lui. D'ailleurs Emma est outrée et ne peut plus se contenir, c'est pourquoi elle "huma l'air frais pour se

lien ? calmer". "Il la baisa au front avec une larme" cette attitude tourne en ridicule le personnage. De plus, les

md phrases courtes semblent permettre au lecteur le soin d'imaginer cette expression de "hébétitude sotte" sur le

visage de Charles "Charles en fut attendri. Il la baisa au front avec une larme". On insiste sur ses allures épaisses, ce qui ne valorise pas plus le physique du personnage "allures épaisses, s'empaississait,"

Insérez mieux vos citations, enchaînez mieux vos phrases

4-11

COPIE 2

COPIE 2

bouffissures", les yeux déjà petits". Il n'a aucune ambition, aucune élégance, et son portrait physique reflète bien sa personnalité. Il néglige certains petits détails qui exaspèrent Emma. "les gants déteints, rajustait sa cravate, rentrait dans son gilet la bordure rouge de ses tricots" Une attitude grotesque, des détails insignifiants mais oubliés, tous ces éléments alimentent le mépris qu'Emma porte pour son mari, faisant de lui, un homme bafoué, trompé, en somme, un héros manqué.

cit. mal introduite — *?* — *précisez l'analyse stylistique*

Charles apparait comme stupide et ne comprenant jamais véritablement les réactions de sa femme. Interpré-tant à sa manière, il est bafoué, trompé jusqu'à la fin de sa vie.

md — *Ne commencez pas par une citation*

"Charles en fut attendri". Déjà, Charles apparait comme naïf et ne comprenant pas sa femme. Il pense qu'Emma se fâche pour l'attitude incorrect de son confrère, alors qu'elle "était exaspérée de honte" Ces réactions sont nombreuses et répétitives comme pour souligner la bêtise de Charles, qui s'obstine dans "son bonheur superficiel". "Et ce n'était pas, comme il croyait, pour lui". Chaque fois son comportement exaspère au plus haut point sa femme, qui s'énerve contre lui mais qui en fin de compte ne lui dit rien. "en se mordant les lèvres", le laissant ainsi, dans sa perpétuelle bêtise et ce qui permettra à Emma d'avoir des amants sans qu'il n'en sache rien. Charles a, par ailleurs, toujours une expression d'éternelle reconnaissance pour sa femme, de profonde gratitude. Il apparait comme naïf, presque stupide aux yeux de sa femme et du lecteur "quel pauvre homme ! quel

un homme simple à l'image de sa femme — *analyse stylistique* — *md*

S-11

pauvre homme, disait-elle tout bas". Toutes ces situations

tous ces événements, font qu'Emma ne méprise pas les faits mais la personne en elle-même. Charles est détesté par Emma, apparaît comme médiocre aux yeux de tous.

cit mal insérée

"un médecin d'Yvetot, avec qui dernièrement il s'était trouvé en consultation, l'avait humilié quelque peu". Les gestes sont insignifiants et ridicules "il coupait, au dessert, les bouchons des bouteilles vides", il présente notamment des tics en plus des défauts "il se passait après manger la langue sur les dents". Cet homme est médiocre et se contente de son "petit coin familial" notamment lorsqu'il savoure un simple souper du soir comme si cela était un festin" il faisait en avalant sa soupe, un glouglou à chaque gorgée. L'accumulation successive de tous ces mimiques, défauts et "petites habitudes" énoncés par Emma s'enchaînent avec des virgules seulement, comme si Emma énumérait en grand nombre tous ces défauts et qu'elle les racontait avec mépris, en les jetant ainsi dans une phrase.

bonne progression

Ce mépris, cette colère qui se ressentent bien à travers la description de Charles par Emma, révèlent le caractère d'Emma.

Excellente partie pour les thèmes dégagés il faudrait préciser l'analyse stylistique.

A travers le portrait de Charles se dessine le portrait d'Emma, révélant une femme égoïste, ambitieuse sans scrupule et le parfait archétype du personnage romantique.

Emma s'énerve contre le médecin non pas parce qu'il a fait preuve de non-respect envers son mari, mais parce qu'elle est humiliée "Elle s'emportait bien haut

6 - 11

COPIE 2

contre le confrère". A la recherche de gloire, elle se présente comme égoïste. Elle aurait voulu que le nom de Bovary, qui était le sien, fût illustre, le voir étalé chez les libraires [...] connu par toute la France". La description de Charles au début de l'extrait est une succession de détails où s'enchaînent l'attitude de Charles et son portrait physique d'une manière désordonnée. Comme si Emma, d'une voix saccadée, déformée par la colère contenue dressait un portrait impitoyable de son mari. En plus d'être égoïste, Emma est lâche. Et n'a pas le courage de révéler la vérité sur le quiproquo, elle se contente d'aller "dans le corridor ouvrir la fenêtre et huma l'air frais pour se calmer" "disait-elle tout bas". Sans cesse humiliée "elle était exaspérée de honte", Emma "se sentait, d'ailleurs, plus irritée de lui." Pour renforcer son mépris dans la description de Charles, elle enchaîne les phrases courtes à l'intonation ascendante "l'avait humilié quelque peu, au lit même du malade, devant les parents assemblés". L'exaspération, ici, semble être à son comble. Les exclamations également renforcent la colère de cette femme égoïste envers son mari. Elle ne s'énerve pas pour lui, mais parce qu'il lui fait honte. Comme, par ailleurs, lorsqu'elle réajuste la tenue de son mari, pour ne pas être humiliée de l'aspect négligé de son époux. "c'était pour elle-même, par expansion d'égoïsme agacement nerveux". Elle tourne Charles au ridicule en lui confiant l'impression de ses lectures comme si elle s'adressait à sa levrette ou à un objet "elle en eût fait de la cheminée et au balancier de la pendule". Une nature égoïste qui résulte

; sk

verbe ?

7-11

de sa désillusion et qui introduit son tempérament romantique.

Ne sautez pas de ligne à l'intérieur d'une partie

Emma est véritablement, un personnage romantique désillusionnée. Elle présente tant par ses rêves que son attitude toutes les caractéristiques du romantisme. On apprend qu'elle se plonge dans des lectures nombreuses et variées" quelquefois aussi, elle lui parlait des choses qu'elle avait lues, comme le passage de roman, d'une pièce nouvelle." Elle aspire toujours à des réalités idéalisées et se perd dans les faits prestigieux " connus par toute la France" et " l'anecdote du grand monde que l'on racontait dans le feuilleton". La répétition du terme "anecdote" semble, ici présent, comme pour marqué la différence de tempérament des deux anti-héros. Pour Charles "l'anecdote" se présente comme un fait comique alors qu'elle est en réalité la preuve de sa bêtise et pour Emma "l'anecdote" est un fait d'une plus haute importance comme pour marquer le dédain d'Emma face à son mari. Emma dans la description de son âme fait sans X allusion à des images ou références à la nature comme pour idéaliser ses sentiments " les matelots en détresse, elle promenait sur la solitude. Emma se présente comme un personnage typiquement romantique avec une nature qui est le reflet de son âme tourmentée "des yeux désespérés", "chargé d'angoisses". Comme tout romantique, Emma se voit dans le refus du présent, constamment dans la quête de l' avenir, se promettant des avenirs irréalisables ou quelque élément qui puit troubler la banale

[Annotations en marge : « insérez mieux les citations » ; « ; lettre » ; « cesse ? » ; « B » ; « o »]

8 – 11

COPIE 2

COPIE 2

monotonie de son quotidien. "elle l'espérait toute la journée", "pleins de félicités jusqu'aux rabords". "toujours plus triste, désirait être au lendemain." "Le coucher du soleil" fait référence aux peintures des

oui artistes romantiques comme Friedrich et renforce le caractère romanesque de la situation.

Emma rassemble en tous point les caractéristiques

0 du personnage romantique mais qui, désillusionnée par la vie et déçue par son mari, se révèle être une anti-héroïne. Au travers de ces deux anti-héros, Flaubert dénonce d'une part, "la bêtise bourgeoise" et d'autre part les "excès du romantisme".

Flaubert décrit, implicitement, les excès du romantisme et dénonce la classe bourgeoise. En somme, il dépeint le tableau des personnages de l'histoire qui apparaissent comme des anti-héros dans toute leur splendeur.

La distance du narrateur expose son point de vue ironique de la situation. Les nombreux quiproquos

0 entre le mari et la femme renforce cet aspect de "pathétique" oui au sens courant du terme. Les termes

"quelque peu" comme "d'ailleurs" et la comparaison de Charles aux objets et à la levrette d'Emma contribue au ridicule de Charles. Il allie la narration omniscient et les pensées, sentiments, les gestes d'Emma. Ainsi grâce au discours indirect libre, il peut adopter une distance ironique et (rapprochement) critique. "quel pauvre homme! quel pauvre homme!" Flaubert apprécie la confrontation de ces deux tempéraments opposés qui, non seulement permet l'introduction de

9- 11

quiproquos mais également la tension entre une nature emportée et la banalité ou encore la platitude de l'autre. Cette opposition marque l'échec du mariage et également l'échec de toute une vie puisque les deux personnages connaissent une mort peu glorieuse. Cette distance critique introduit également la synthèse de Flaubert sur certains aspects de son époque.

TB

à mettre en conclusion

Emma est critiquée pour ses excès de romantisme. En effet d'écrire ainsi "le fond de son âme" par une longue description remplie de métaphore est un peu exagérée ou ~~volontaire~~ voulue de la part de l'auteur. Flaubert nous retrace le parcours d'une femme qui tente délibérément de s'extirper de cette classe bourgeoise, son âme romantique réclamant plus. Alors que Charles s'embourbe dans cette "quiétude de l'âme" et du petit bonheur d'un petit bourgeois. Emma, d'une part qui tente de s'élever socialement "Elle aurait voulu que ce nom Bovary, qui était le sien, fût illustre" et qui désire sortir de la banalité de son quotidien en se plongeant dans l'adultère. Ainsi, en montrant avec la fin fatidique d'Emma, morte par empoisonnement et Charles mort de désespoir, Flaubert dans un roman réaliste est "le secrétaire de l'histoire de son époque" en "décrivant les moeurs du temps".

TB

o

un bon sujet syntaxe

10-11

COPIE 2

CONSIGNES ET CONDITIONS

Commentaire rédigé en classe de première sur table en trois heures, les élèves devant traiter auparavant une question de corpus.

APPRÉCIATION DE LA COPIE

Très bon travail, le texte est bien compris, le commentaire est précis, les remarques justes et les idées progressent bien ! Attention toutefois à l'insertion des citations.

NOTE DE LA COPIE

17/20

COMMENTAIRE DÉTAILLÉ

CE QUI EST BIEN

- **L'introduction** avec le contexte littéraire, le thème du texte, la problématique et l'annonce du plan.
- **Les thèmes abordés**, le texte est très bien compris.
- **Le plan**
  - **1. Le portrait de Charles**
    - A. Un homme médiocre dépourvu d'ambition
    - B. Un homme stupide et naïf
  - **2. Le portrait d'Emma**
    - A. Une épouse égoïste et ambitieuse
    - B. Une femme désillusionnée
  - **3. Une double critique**
    - A. De la bourgeoisie
    - B. Du romantisme
- Les **introductions partielles** et **les transitions**.
- **La conclusion** : réponse à la problématique, ouverture sur la fin tragique des deux personnages et citation sur le réalisme (préface de Balzac à *La Comédie humaine*).
- Dans l'ensemble **l'expression** est satisfaisante.

CE QUI DOIT ÊTRE CORRIGÉ

- **L'insertion des citations** :
  - elles sont mal insérées dans la rédaction ;
  - il faut éviter de commencer une phrase par une citation ;
  - la copie a trop tendance à les accumuler ;
  - il faut indiquer les lignes des citations ;
  - le catalogue de citations confine parfois à la paraphrase.
- Pour éviter cela, il faut **développer l'analyse stylistique** et utiliser les termes et notions littéraires et grammaticales (par exemple : champ lexical, terme mélioratif ou péjoratif, allitérations, utilisation du pluriel, etc.).
- **La présentation** : on ne saute pas de ligne à l'intérieur d'une partie.
- **Fautes de syntaxe** : on doit toujours avoir un verbe conjugué dans une phrase.
- **Les enchaînements** entre les phrases : il faut utiliser davantage de connecteurs logiques pour renforcer le dynamisme de la rédaction et mettre en valeur le raisonnement.
- Corriger **les fautes d'orthographe**.
- La référence à Friedrich est à mettre plutôt en conclusion.

CE QUI DOIT ÊTRE APPROFONDI

- **L'analyse stylistique**, par exemple :
- **Le sentiment d'humiliation** d'Emma Bovary s'exprime grâce à :
  - l'accumulation des compléments de lieu et l'insistance : *au lit même* (l.4) qui vient démentir le *quelque peu* (l.4) *devant les parents du malade* (l.4) ;
  - l'accumulation de trois propositions, le *besoin d'air* (l.7) et le complémet *se mordant les lèvres* (l.9) montrent à quel point l'humiliation a été forte, en même temps, elle souligne la maîtrise d'Emma qui sait bien mentir et jouer les hypocrites… ;
  - l'expression *quel pauvre homme* (l.9), répétée et transposée au discours direct traduit le sentiment de mépris d'Emma pour cet homme qui lui fait honte en bafouant son nom, et en négligeant sa réputation.
- **L'étude du point de vue** est présente mais aurait pu être plus fouillée : il faut montrer la mobilité de ce point de vue, comment on passe sans transition du point de vue de l'auteur au point de vue de son héroïne et vice versa par exemple :
- Dans la phrase *Mais Charles n'avait point d'ambition !* (l.2-3) : qui parle ? Emma ou le narrateur ? On a ici un énoncé polyphonique : le point d'exclamation peut exprimer l'exaspération ou la déception d'Emma ou bien avoir une valeur ironique, si c'est le narrateur qui parle.
- **L'ironie** s'exprime aussi dans la phrase *car, enfin, Charles était quelqu'un* (l.20) : *quelqu'un* est ici une antiphrase, en effet l'éloge est aussitôt démenti par le rapprochement de Charles avec un air, un animal puis un objet (l.20-22), la gradation révèle le mépris d'Emma à son égard et le jugement du narrateur sur un personnage qui se révèle encore plus antipathique que son mari, certes médiocre mais bon.

- **La naïveté de Charles** a été bien vue mais peut être précisée, l'auteur donne en effet trois exemples de l'aveuglement de Charles :
  - ce qu'il prend pour un geste d'affection cache en réalité une humiliation. Aux lignes 5-6, on a un décalage comique entre ce qu'Emma dit tout haut et ce qu'elle exprime tout bas, entre le geste de gratitude de Charles dont la sincérité est exprimée par la larme et l'hypocrisie et la colère contenue d'Emma, qui doit sortir pour prendre l'air ;
  - ce qu'il croit être une attention n'est qu'un acte égoïste : *comme il croyait* (l.17) ;
  - ce qu'il prend pour une conversation n'est qu'un monologue narcissique (l.18) : l'adverbe *quelquefois* (l.15 et 18) mettant bien sur le même plan l'expansion d'égoïsme qui la pousse à rajuster sa tenue ou à s'adresser à lui.
- Pour **la caricature de Charles** : Flaubert utilise les procédés propres à la caricature, à savoir l'animalisation, le grossissement des traits, le registre comique et la généralisation :
  - **l'animalisation** : *gloussement* et allitération en [s] (*sa soupe, gloussement*), les yeux de plus en plus petits évoquent une poule, Charles engraisse comme une oie et mange comme un porc ;
  - **l'exagération** : hyperboles : *à chaque gorgée* (l.12) ;
  - **le registre comique** : détails peu ragoûtants et insistants : *il se passait, après manger, la langue sur les dents* (l.11), les sonorités mimant le bruit qu'il fait en mangeant ;
  - **la généralisation** : imparfait d'habitude.
- Commenter **la personnification de l'attente** désespérée qui n'est pas comblée et se dilue dans la répétition monotone des jours. On peut noter la chute ironique du texte sur *lendemain* et les soubresauts de la phrase qui miment cette attente vaine.
- **En conclusion,** on peut citer un des amis de Flaubert : « Lorsque l'on ne partageait pas trop son enthousiasme, il avait vite fait de vous traiter de bourgeois, ce qui était sa plus grosse injure. » Maxime du Camp, *Souvenirs littéraires*, éditions Complexes, 2002.

ÉMILE ZOLA (1840-1902), *GERMINAL*, 1885

Dans Germinal, *Zola met en scène le monde minier. Son roman est l'expression des luttes sociales de son époque. Il s'inspire en particulier des révoltes minières qui ont eu lieu dans le Nord de la France en 1869. Étienne, le meneur de la grève, vient d'être témoin du meurtre d'un soldat par Jeanlin, fils de Maheu.*

Immobile de stupeur, Étienne regardait toujours. L'appel s'étranglait au fond de sa poitrine. En haut, le terri (1) était vide, aucune ombre ne se détachait plus sur la fuite effarée des nuages. Et il monta au pas de course, il trouva Jeanlin à quatre pattes, devant le cadavre, étalé en arrière, les bras élargis. Dans la neige, sous la clarté limpide, le pantalon rouge et la capote grise tranchaient durement. Pas une goutte de sang n'avait coulé, le couteau était encore dans la gorge, jusqu'au manche.

D'un coup de poing, irraisonné, furieux, il abattit l'enfant près du corps.

– Pourquoi as-tu fait ça ? bégayait-il éperdu.

Jeanlin se ramassa, se traîna sur les mains, avec le renflement félin de sa maigre échine ; et ses larges oreilles, ses yeux verts, ses mâchoires saillantes, frémissaient et flambaient, dans la secousse de son mauvais coup.

– Nom de Dieu ! pourquoi as-tu fait ça ?

– Je ne sais pas, j'en avais envie.

Il se buta à cette réponse. Depuis trois jours, il en avait envie. Ça le tourmentait, la tête lui en faisait du mal, là, derrière les oreilles, tellement il y pensait. Est-ce qu'on avait à se gêner, avec ces cochons de soldats qui embêtaient les charbonniers chez eux ? Des discours violents dans la forêt, des cris de dévastation et de mort hurlés au travers des fosses, cinq ou six mots lui étaient restés, qu'il répétait en gamin jouant à la révolution. Et il n'en savait pas davantage, personne ne l'avait poussé, ça lui était venu tout seul, comme lui venait l'envie de voler des oignons dans un champ.

Étienne, épouvanté de cette végétation sourde du crime au fond de ce crâne d'enfant, le chassa encore, d'un coup de pied, ainsi qu'une bête inconsciente. Il tremblait que le poste du Voreux (2) n'eût entendu le cri étouffé de la sentinelle, il jetait un regard vers la fosse, chaque fois que la lune se découvrait. Mais rien n'avait bougé, et il se pencha, il tâta les mains peu à peu glacées, il écouta le cœur, arrêté sous la capote. On ne voyait, du couteau, que le manche d'os, où la devise galante, ce mot simple : « Amour », était gravée en lettres noires.

Ses yeux allèrent de la gorge au visage. Brusquement, il reconnut le petit soldat : c'était Jules, la recrue, avec qui il avait causé, un matin. Et une grande pitié le saisit, en face de cette douce figure blonde, criblée de taches de rousseur. Les yeux bleus, largement ouverts, regardaient le ciel, de ce regard fixe dont il lui avait vu chercher à l'horizon le pays natal. Où se trouvait-il, ce Polgof, qui lui apparaissait dans un éblouissement de soleil ? Là-bas, là-bas. La mer hurlait au loin, par cette nuit d'ouragan. Ce vent qui passait si haut, avait peut-être soufflé sur la lande. Deux femmes étaient debout, la mère, la sœur, tenant leurs coiffes emportées, regardant, elles aussi, comme si elles avaient pu voir ce que faisait à cette heure le petit, au-delà des lieues qui les séparaient. Elles l'attendraient toujours, maintenant. Quelle abominable chose, de se tuer entre pauvres diables, pour les riches !

Émile Zola, *Germinal*, VIe partie, ch. 4, 1885.

(1) Entassement des déblais d'une mine.

(2) Mine.

Texte 2

Si votre composition comporte plusieurs feuilles, numérotez les. 1 / 1

Le naturalisme, mouvement littéraire ayant vu le jour grâce aux sciences expérimentales, se veut être un approfondissement du réalisme. Zola, chef de file de ce courant, montra ainsi un vif intérêt pour les nouvelles théories scientifiques de savants tels que Lucas, Mendel ou encore Darwin. Dans ses œuvres, dont la principale reste le cycle des Rougon-Macquart (1871-1893), il révèle certains maux tels que la misère ouvrière, et met en lumière les déterminismes pesant sur les individus afin de "montrer la double influence de l'hérédité et du milieu", tout en restant fidèle aux principes du réalisme. Ceux-ci prônent l'impartialité de l'écrivain, qui doit "s'en tenir aux faits observés". B Dans Germinal, Zola, à travers la voix forte des personnages, montre pourtant une certaine vision du monde. Par quels moyens Zola condamne-t-il dans Germinal, l'absurdité et les terribles conséquence des révoltes ? Il s'agira d'étudier d'une part l'horreur du meurtre, puis la manière dont Zola fait d'un simple soldat un martyr. Enfin, il s'agira d'aborder la dimension engagée de ce texte. B

Tout au long de ce texte, l'horreur du meurtre inexpliqué se fait ressentir au lecteur par le réalisme ~~dont~~ la scène est imprégnée, et par le dégoût et la colère qu'inspire Jeanlin, le criminel. Le cadre de l'intrigue s'inscrit dans un décor et une époque réalistes, qui donnent une impression de vérité. En effet, Zola utilise des termes techniques spécifiques du monde de la mine, en faisant allusion au "terri", "la fosse", "le poste du Voreux" ; Tout au long de l'extrait, il rappelle par ailleurs le temps de révolte et de conflits ~~dans~~ lequel se déroule l'action, par des références à l'uniforme des soldats alors vêtus d'un « pantalon rouge » et d'une « capote grise » (l 4), et des allusions aux émeutes et révoltes qui causent la présence de « soldats qui embêtaient les charbonniers chez eux » (l 15). La mise en place de ce cadre réaliste confère au meurtre toute son horreur et participe à la déshumanisation du meurtrier.

Jeanlin, l'auteur du crime, est dévêtu de sa raison, son intelligence, sa conscience, et tout ce qui faisait de lui un homme. Il subit ainsi une animalisation, qui est développée dans une métaphore filée. Son corps et son attitude sont rapprochés de ceux d'un félin « à quatre pattes » (l 3). Il est caractérisé par « sa maigre échine » « ses larges oreilles, ses yeux verts, ses mâchoires saillantes » qui « frémissaient et flambaient dans la secousse de son mauvais coup » (l 8-9). Cette énumération rythme les battements du cœur effréné de cet être, tandis que le riche champ lexical du corps mammifère accentue la ressemblance de Jeanlin avec une « bête inconsciente » (l 20) qu'Étienne « abattit » (l 6) et « chassa [...] d'un coup de pied ». L'animalisation de Jeanlin se fait donc doublement, dans son attitude et dans la manière dont il est traité. Cette perte d'humanité reflète la vision de Zola selon laquelle le crime fait de l'homme un animal et lui retire donc toute sensibilité.

Ayant perdu toute sa conscience et son humanité, Jeanlin incarne le meurtrier satisfait et insensible. Il ne ressent ainsi aucun repentir et ne peut justifier son acte que par le fait qu'il « en avait envie ». Zola développe dans un paragraphe entier la vision de son personnage qui semble victime d'une fêlure l'incitant à tuer et qui le « tourmentait », « lui faisait du mal » (l 14). Une question rhétorique exprime son point de vue, ainsi que l'utilisation du discours indirect libre. Il semble accomplir une vengeance longtemps mûrie par une accumulation de petits épisodes tels que « des discours violents dans la forêt [...], cinq ou six mots » (l 15-16). Il ne semble pas avoir pris conscience de son acte, et reste un « gamin jouant à la révolution » avec « l'envie de voler des oignons » (l 18). Le crime qu'il a commis ne le dérange pas et lui paraît tout naturel, ce qui se traduit par des phrases longues aux nombreuses coupures donnant au texte un rythme calme et indifférent (l 15 → 18). L'inconscience du meurtrier

... pronoms « ça », « en », « y » qui traduisent son

renforce l'horreur de l'acte commis et attise la compassion du lecteur pour la victime, qui est ainsi transformée en martyr.

L'absence de mobile du meurtre et son absurdité font du soldat un être divinisé en correspondance avec un autre monde, conférant ainsi au texte une dimension fantastique.
Tandis que son meurtrier subit une dégradation de son rang dans les Espèces, « le petit soldat » est divinisé, et prend le visage d'un ange.* Réapparaissent alors les clichés de cet être en liaison avec le monde supérieur : il est doté d'une « douce figure blonde, criblée de taches de rousseur » (l27) et de « yeux bleus » (l27).
L'utilisation du terme « criblé » rappelle cependant sa fonction de soldat et les risques qu'il prend, et qu'il assurera désormais dans l'armée de Dieu plutôt que celle des hommes.

Ce lien privilégié qu'il entretient avec les puissances d'en haut est exprimé par l'activité des éléments naturels qui semblent être liés à l'ascension du soldat. Ainsi, les nuages qui représentent traditionnellement le Mal ? connaissent-ils une « fuite effarée » (l2)* Le sacrifice du soldat semble avoir lavé la Terre de ses souillures et vicissitudes et y avoir laissé une parcelle du paradis qui se traduit par « la clarté limpide » (l4) et l'« éblouissement de soleil » (l29), tandis que « la lune se découvrait » (l21) et que « la mer hurlait au loin » (l29). Les éléments naturels sont personnifiés et prennent ainsi vie, voulant participer à la divinisation du soldat dont les « yeux bleus, largement ouverts regardaient le ciel ».
La divinisation du soldat donne au texte une dimension fantastique et affermit le contraste entre le meurtrier qui perd son humanité et la victime qui est divinisée. Cette mort rappelle ainsi les enjeux de la guerre.

L'innocence et le caractère divin de la victime soulèvent chez le lecteur ainsi que chez Etienne Lantier un sentiment d'incompréhension et de révolte face à l'absurdité de la guerre. Le meneur de la grève, face à un meurtre si inhumain, est d'abord « immobile, furieux » (l6). Sa colère s'exprime par la répétition de la question : « pourquoi as-tu fait ça ? » et le juron « nom de Dieu ! » (l11)
Ce sentiment se mêle par ailleurs à la peur d'une accusa-

tion et "il tremblait" (l20), puis à X de l'agitation, qui s'exprime par une accumulation de verbes au passé simple se terminant par le son "a". C'est ainsi qu'"il se pencha, "il tâta", "il écouta" (l22). Cette frénésie fait ensuite place à l'observation. La phrase "Ses yeux allèrent de la visage au visage" mime le mouvement de son visage et fait s'imaginer la scène au lecteur. La brièveté de la phrase suivante traduit le choc qui s'opère en lui en prenant conscience qu'il connaît cet homme, tandis que la question rhétorique "où se trouvait-il [...]?" (28) et la phrase brève "Là-bas, là-bas" révèlent la présence d'un monde caché lointain que le lecteur ressent mais dont il n'a pas la certitude. Ces réflexions instaurent un lien invisible entre les deux hommes, renforcés par des allusions en références à la guerre qu'ils partagent, "au pas de course" (l3), et rappellent qu'au delà des conflits, tous sont frères. B

permet au lecteur de s'imaginer la scène

Le soldat, accroché à la terre et divinisé, prend le visage des éléments naturels qui sont annonciateurs de mort. En effet, le meurtre d'un soldat est lourd de conséquences pour sa famille. Le lien invisible qui les unit est mis en valeur dans la comparaison "comme si elles avaient pu voir ce que faisait à cette heure le petit" (l31-32).* Une prolepse accompagnée d'une hyperbole révèle la terrible perte qu'un meurtre irréfléchi peut causer : "Elles l'attendraient toujours, maintenant" (l32). La dernière phrase, relatée au discours indirect libre et exprimant les sentiments d'Étienne Lantier, est en fait le reflet de la vision de Zola, à travers ce personnage. Il dénonce l'absurdité de ce meurtre dont il désigne les acteurs par la métaphore "pauvres diables" (l34) c'est-à-dire qui n'ont rien l'un contre l'autre, et ne font qu'obéir aux ordres de "riches" qui ne subiront aucune conséquence. La modalité exclamative et l'hyperbole "abominable" souligne le dégoût que ces conflits inspirent à Zola.

* La nominalisation de l'adjectif "petit" met en valeur sa fragilité.

En soulignant l'horreur et l'absurdité d'un meurtre sans motif sur un "petit" innocent, l'impartialité de l'écrivain laisse place à une dénonciation des conflits dont les victimes ne sont pas concernées, à travers la voix de personnages. La fêlure psychologique mise en évidence chez Jeanlin et son insatiable envie de tuer se retrouve dans La Bête Humaine chez le personnage de Jacques Lantier. Les théories de Zola concernant l'influence des milieux et l'hérédité.

CONSIGNES ET CONDITIONS

Commentaire rédigé sur table en classe de seconde, en quatre heures.

APPRÉCIATION DE LA COPIE

Très bon devoir qui propose une analyse précise et une interprétation intéressante du texte.

NOTE DE LA COPIE

15/20

COMMENTAIRE DÉTAILLÉ

CE QUI EST BIEN

- **L'introduction** claire et riche :
- Une définition intéressante du naturalisme présenté comme un prolongement du réalisme et rattaché aux sciences expérimentales avec les références à différents savants comme Lucas, Mendel et Darwin.

RAPPEL

- **Dr Prosper Lucas** (1805-1885), médecin français qui publia un *Traité philosophique et physiologique de l'hérédité naturelle* (1850).
- **Gregor Mendel** (1822-1884), savant d'origine tchèque, reconnu comme le père de la génétique.
- **Darwin** (1809-1882), naturaliste anglais, qui travailla sur la sélection naturelle des espèces en fonction du milieu.
- Le naturalisme est illustré par une citation du *Roman expérimental* de Zola : « s'en tenir aux faits observés ».
- Une bonne problématique et une annonce claire du plan.

- **Le plan**
  - **1. Un meurtre horrible**
    - A. Un cadre réaliste
    - B. L'animalisation de Jeanlin
    - C. Un acte insensé
  - **2. Un soldat martyr**
    - A. Un soldat divinisé
    - B. Un cadre symbolique
  - **3. Un texte engagé**
    - A. La révolte d'Étienne
    - B. Le point de vue de Zola

- La copie allie habilement l'analyse stylistique et **l'interprétation**. Le commentaire ne se contente pas de faire un relevé d'éléments mais propose une interprétation du texte qui découle d'une analyse précise.
- Les **thèmes étudiés** sont satisfaisants :
  - l'animalisation de Jeanlin et la divinisation du soldat qui devient un martyr ;
  - un meurtre absurde, pas de mobile, le résultat de pulsions meurtrières ;
  - la symbolique des éléments ;
  - le contraste entre Jeanlin et sa victime ;
  - le regard critique de l'auteur.
- L'analyse s'appuie sur plusieurs **figures de style** :
  - Métaphores filées, énumérations, accumulations, répétitions, question rhétorique, hyperboles, prolepse (= mention de faits à venir) : *Elles l'attendraient toujours maintenant* (l.35).
- L'élève étudie les différents **discours** : discours direct, discours indirect libre.
- Les différents **registres** : réaliste et fantastique.
- **Les citations** sont bien insérées.
- La **progression des idées** est cohérente.

CE QUI DOIT ÊTRE CORRIGÉ

- Dans l'introduction, il faudrait donner la date de publication de *Germinal* : 1885.
- Les nuages ne représentent pas forcément le mal, analyse à nuancer, attention de ne pas forcer l'interprétation symbolique du texte.
- Erreur sur un titre : *La Bête humaine* de Zola en conclusion (et *La Machine infernale* de Cocteau).

CE QUI DOIT ÊTRE APPROFONDI

- **Préciser le contexte** de révolte des mineurs et la présence des soldats dans *Germinal* : à la suite d'une baisse des salaires, les mineurs se mettent en grève et la compagnie des Mines fait appel aux soldats pour rétablir l'ordre. Zola pour décrire ces événements, s'est inspiré de la grève des mineurs d'Anzin en 1884 qui dura plus de quarante jours.
- Nom symbolique du Voreux : la mine, tel un minotaure dévore les hommes qui y travaillent.
- **L'art de la description** :
  - Zola décrit la scène comme un tableau en soulignant les contrastes de couleur : le corps du soldat au pantalon rouge tranche avec la blancheur de la neige qui apparaît comme un linceul. On peut aussi noter la sobriété de la description qui ne fait qu'accentuer l'horreur de la scène en mettant en relief *le couteau* (qui) *était encore planté dans la gorge jusqu'au manche.* (Effet qui évoque celui du zoom au cinéma) ;
  - le tableau fait presque penser à une scène de lamentation avec Jeanlin, à quatre pattes devant Jules, les bras élargis, comme un Christ en croix et Étienne, stupéfait.

- Art de la description mais aussi **art de la dramatisation** :
  - Zola crée un effet de **suspens** avec la sentinelle qui risque à tout moment de découvrir le corps et le coupable.
  - Il sait **varier les registres**, le pathétique se mêle ainsi au réalisme, le polémique à la compassion :
    - la réplique finale d'Étienne apparaît comme la transposition du point de vue de Zola ;
    - l'insistance sur le côté infantile de Jeanlin (*gamin, crâne d'enfant*) et le caractère impulsif du crime renvoient aux théories sur le déterminisme du milieu et de l'hérédité défendues par Zola ;
    - l'auteur dépeint ici une violence gratuite et injustifiable : si Jeanlin est incapable d'expliquer son geste meurtrier, le couteau semble en revanche prendre le relais d'une parole impuissante. Ainsi, on perçoit à travers ce détail, le point de vue critique de l'auteur qui utilise l'art du contrepoint en faisant un gros plan sur le mot « Amour » *gravé en lettres noires sur le manche* (l.26). Cette devise, restée ici lettre morte, sera celle de Luc dans le roman intitulé, *Travail*, qui commence là où s'achève *Germinal*. De fait, *Germinal* décrit la difficulté pour les mineurs d'accéder à la parole ;
    - le pathétique s'exprime à travers la réunion finale du coupable et de la victime autour de l'expression *pauvres diables* (l.36) qui fait de ces deux êtres des victimes innocentes.
- Enfin, la qualité narrative repose essentiellement sur **la variation des discours employés** (discours direct, discours indirect libre et monologue intérieur).
- On pourrait commenter quelques métaphores :
  - *La végétation sourde du crime* (l.21), *criblée de taches de rousseur* (l.29).
- **En conclusion**
- On peut ouvrir sur l'échec de la grève, nuancé par l'image finale de la germination à la dernière page :

  « *De toutes parts, des graines se gonflaient, s'allongeaient, gerçaient la plaine, travaillées d'un besoin de chaleur et de lumière. Un débordement de sève coulait avec des voix chuchotantes, le bruit des germes s'épandait en un grand baiser. Encore, encore, de plus en plus distinctement, comme s'ils se fussent rapprochés du sol, les camarades tapaient. Aux rayons enflammés de l'astre, par cette matinée de jeunesse, c'était de cette rumeur que la campagne était grosse. Des hommes poussaient, une armée noire, vengeresse, qui germait lentement dans les sillons, grandissant pour les récoltes du siècle futur, et dont la germination allait faire bientôt éclater la terre.* »

  Émile Zola, *Germinal*, 1885.

  - et par le message plus optimiste de l'un des quatre *Évangiles* écrits par Zola, intitulé *Travail*.
  - La description du soldat peut aussi être rapprochée de celle du *Dormeur du val* de Rimbaud.

Arthur RIMBAUD (1854-1891) *Le Dormeur du val*

C'est un trou de verdure où chante une rivière,
Accrochant follement aux herbes des haillons
D'argent ; où le soleil, de la montagne fière,
Luit : c'est un petit val qui mousse de rayons.

Un soldat jeune, bouche ouverte, tête nue,
Et la nuque baignant dans le frais cresson bleu,
Dort ; il est étendu dans l'herbe, sous la nue,
Pâle dans son lit vert où la lumière pleut.

Les pieds dans les glaïeuls, il dort. Souriant comme
Sourirait un enfant malade, il fait un somme :
Nature, berce-le chaudement : il a froid.

Les parfums ne font pas frissonner sa narine ;
Il dort dans le soleil, la main sur sa poitrine,
Tranquille. Il a deux trous rouges au côté droit.

Octobre 1870

MARCEL PROUST (1871–1922), *À LA RECHERCHE DU TEMPS PERDU, DU CÔTÉ DE CHEZ SWANN, UN AMOUR DE SWANN*, 1913

S'étant attardé chez une petite ouvrière, une femme qui correspond davantage à son type, Swann arrive trop tard pour retrouver Odette chez leurs amis communs, les Verdurin. L'absence inattendue de la jeune femme provoque en lui le besoin de la revoir au plus vite. Il se met alors à la chercher avec passion dans tous les restaurants des boulevards de Paris. Cet épisode marque la naissance de la jalousie qui ne cessera de le tourmenter jusqu'à la fin de sa passion.

« Mais pas du tout, s'écria-t-il, il faut que nous trouvions cette dame : c'est de la plus haute importance. Elle serait extrêmement ennuyée, pour une affaire, et froissée, si elle ne m'avait pas vu.

- Je ne vois pas comment cette dame pourrait être froissée, répondit Rémi, puisque c'est elle qui est partie sans attendre Monsieur, qu'elle a dit qu'elle allait chez Prévost et qu'elle n'y était pas. »

D'ailleurs on commençait à éteindre partout. Sous les arbres des boulevards, dans une obscurité mystérieuse, les passants plus rares erraient, à peine reconnaissables. Parfois l'ombre d'une femme qui s'approchait de lui, lui murmurant un mot à l'oreille, lui demandant de la ramener, fit tressaillir Swann. Il frôlait anxieusement tous ces corps obscurs comme si parmi les fantômes des morts, dans le royaume sombre, il eût cherché Eurydice (1).

De tous les modes de production de l'amour, de tous les agents de dissémination du mal sacré, il est bien l'un des plus efficaces, ce grand souffle d'agitation qui parfois passe sur nous. Alors l'être avec qui nous nous plaisons à ce moment-là, le sort en est jeté, c'est lui que nous aimerons. Il n'est même pas besoin qu'il nous plût jusque-là plus ou même autant que d'autres. Ce qu'il fallait, c'est que notre goût pour lui devînt exclusif. Et cette condition-là est réalisée quand – à ce moment où il nous fait défaut – à la recherche des plaisirs que son agrément nous donnait, s'est brusquement substitué en nous un besoin anxieux qui a pour objet cet être même, un besoin absurde que les lois de ce monde rendent impossible à satisfaire et difficile à guérir – le besoin insensé et douloureux de le posséder.

Swann se fit conduire dans les derniers restaurants; c'est la seule hypothèse du bonheur qu'il avait envisagée avec calme; il ne cachait plus maintenant son agitation, le prix qu'il attachait à cette rencontre et il promit en cas de succès une récompense à son cocher, comme si, en lui inspirant le désir de réussir qui viendrait s'ajouter à celui qu'il en avait lui-même, il pouvait faire qu'Odette au cas où elle fût déjà rentrée se coucher, se trouvât pourtant dans un restaurant du boulevard. Il poussa jusqu'à la Maison Dorée, entra deux fois chez Tortoni, et sans l'avoir vue davantage, venait de ressortir du Café Anglais (2), marchant à grands pas, l'air hagard, pour rejoindre sa voiture qui l'attendait au coin du boulevard des Italiens, quand il heurta une personne qui venait en sens contraire : c'était Odette; elle lui expliqua plus tard que n'ayant pas trouvé de place chez Prévost (3), elle était allée souper à la Maison Dorée dans un enfoncement où il ne l'avait pas découverte, et elle regagnait sa voiture (4).

Elle s'attendait si peu à le voir qu'elle eut un mouvement d'effroi. Quant à lui, il avait couru Paris non parce qu'il croyait possible de la rejoindre, mais parce qu'il lui était trop cruel d'y renoncer.

Marcel Proust, *À la recherche du temps perdu, Du côté de chez Swann*, 1913.

(1) Sa femme Eurydice étant morte, Orphée, héros de la mythologie grecque, descendit la rechercher aux Enfers. Il obtint la permission de la ramener à condition de ne pas se retourner pour la regarder, mais il ne sut pas tenir sa promesse et Eurydice disparut dans les ténèbres.

(2) Restaurants parisiens.

(3) Chocolatier.

(4) Odette ment. En réalité, elle était avec un certain Forcheville.

COPIE 4

Au XXe siècle, contemporainement aux découvertes de l'allemand Freud sur la psychanalyse apparaît, en Europe, une nouvelle manière de concevoir le roman. Désormais, les personnages évoluent, ils sont capable de progresser ou régresser et ne sont plus entièrement conditionnés par leurs milieux sociaux. Proust écrivit dans ce contexte Un Amour de Swann, deuxième partie du Côté de Chez Swann qui est le premier volume d'À la Recherche du temps perdu. Ce roman, paru en 1913 et qui peut être lu de manière indépendante aborde de manière conjointe les thèmes de l'amour, de la jalousie et de l'art à travers Swann, un esthète appartenant à l'aristocratie parisienne.

Ce passage que nous allons étudier nous relate le moment où après s'être attardé chez une petite ouvrière, une femme qui correspond davantage à son type, Swann arrive trop tard pour retrouver Odette chez leurs amis communs les Verdurin, où il avait l'habitude de la rejoindre. L'absence inattendue de la jeune femme provoque en lui un besoin nouveau, celui de la revoir au plus vite. Très agité, il la recherche avec passion dans tous les restaurants des boulevards de Paris, mais sans succès. Cet épisode annonce la jalousie qui ne cessera de le tourmenter jusqu'à la fin de sa passion. Il s'agira donc d'étudier comment la personnalité déséquilibrée de Swann le conduit à pleinement aimer Odette. Nous étudierons d'une part comment le fait qu'Odette ne soit pas là nous révèle le comportement et la psychologie instable de Swann, d'autre part comment le grand bouleversement intérieur provoqué chez Swann provoque la naissance de son amour pour Odette.

Le texte nous montre que Swann, à cause de l'absence d'Odette, devient jaloux. Il renie toute forme de raison, se sépare de la réalité pour entrer impulsivement dans une quête tragique.

Le jeune esthète parisien, en l'absence d'Odette est rongé, détruit par une jalousie aussi grande qu'incontrôlable. La présence en nombre de termes tels "aimerions", "exclusif", "besoin anxieux" qui appartiennent au champ lexical de la jalousie appuient ce propos. Swann est intérieurement ébranlé à tel point qu'Odette devient pour lui une chose. Le terme "être" répété deux fois montre qu'Odette s'éloigne de sa réalité. Le fait qu'elle ne soit pas là lui laisse penser qu'elle pourrait être avec un autre homme. Et cette inquiétude le

B

obj ?

répétition

fil sens

introduction

B

justifiez

COPIE 4

rend irrationnel.

En effet, il se met alors en quête de la rejoindre alors que cela est "impossible" de son propre aveu. Lors de sa quête il rentre dans tous les "restaurants", chez "Prévost", au "Café anglais", chez "Tortoni" espérant la trouver, alors que l'on "commençait à éteindre partout". Cependant l'auteur illustre surtout l'irrationnalité de Swann à travers le dialogue introduisant le texte. En effet, il n'y fait pas simplement parler Swann et son cocher mais Swann avec sa raison. Cela se traduit par le côté particulièrement impulsif et colérique de Swann qui se voile la face en se disant qu'Odette "serait extrêmement ennuyée et froissée" alors que comme le dit le coché c'est "elle qui a dit qu'elle allait chez Prévost et qu'elle n'y était pas". Swann devient dès ce moment irraisonnable. Et ceci est loin d'être habituel chez cet être qui a pour habitude de séduire et de consommer les femmes comme de vulgaires objets. Le côté jaloux et irrationnel de Swann se traduit dans le texte par une hyperbole "extrêmement ennuyée". Le fête qu'il l'a prononcé en criant montre l'état d'angoisse avancé dans lequel il est en plus de son hypocrisie envers lui-même. Il n'exprime en effet pas là une réalité mais un désir. Et après qu'il ait refusé d'entendre le propos mesuré de son cocher la quête de Swann devient petit à petit tragique.

Le jeune homme est alors rapproché du héros grec Orphée. Le registre tragique qui fait alors son apparition

B

B

aveuglement + mauvaise foi + hypocrisie

oui

Oh !

B

après que + indicatif

TB

répétition

souligne le fait que Swann a très peu de chance de retrouver Odette et qu'il semble sombrer dans une sorte de démence. Proust n'a pas choisi Eurydice de manière anodine. Il cherche à travers celle-ci à nous faire comprendre que la quête de Swann est irréalisable. Cela s'exprime par le biais d'un champ lexical du divin : "fantômes des morts", "royaume sombre", "mal sacré", "souffle". Le "royaume sombre" désigne le royaume des enfers et illustre le fait qu'Odette s'éloigne de sa réalité, se désincarne, passe du statut de femme à celui de "fantôme". L'obscurité mystérieuse qui entoure les personnages contribue à l'égarement du héros et crée une atmosphère fantastique.

Swann devient jaloux lorsqu'il se rend compte qu'Odette n'est pas sienne. Il entre alors dans une recherche irrationnelle tragique dans le simple but de la voir. À la manière d'un héros gréco-romain, il effectue donc une quête initiatique qui va le rendre à même d'aimer.

Cette quête et le bouleversement qu'elle entraîne chez Swann le rend à même d'aimer pleinement Odette.

Le narrateur de ce texte analyse la naissance de la jalousie et explique les sentiments amoureux dans l'âme humaine. Il nous donne les clés pour interpréter le comportement de Swann. Ce dernier n'est amoureux que parce que celle-ci lui est inaccessible. Cependant, pour Proust, la naissance de l'amour

ai

B

précisez les lignes

à l'image de sa démence

B

tendance à vous répéter

TB

COPIE 4

COPIE 4

a quelque chose de divin. La jalousie est assimilée à "un souffle sacré", périphrase de l'Esprit Saint. Aussi lorsque la jalousie s'empare d'un être et que le "besoin" est impossible à satisfaire, comme c'est le cas chez Swann, naît l'amour, ou plutôt la passion car ce sentiment est "douloureux", "insensé". Or le terme passion provient du latin "patior" qui signifie souffrir. Ainsi parce qu'il n'a pas pu Odette comme il en avait l'intention, Swann l'aime, le "sort" en est jeté. Proust exprime dans ce passage le côté fataliste de l'amour. Fatalisme qui s'exprime à travers des termes comme "impossible", "sort" ou même "divin".

(en marge : montrez que le rejet du divin se mêle à celui de la mythologie / syntaxe verb ?)

Après ce cheminement intérieur, Swann parvient enfin à la raison, ou tout du moins en partie. Il se met d'accord avec son "cocher" et lui promet une récompense. Il semble plus mesuré comme l'illustrent les termes "hypothèse", "envisagé" et "calme". L'auteur montre que son héros est moins impulsif, plus à même de réfléchir. Pourtant Swann ne perd pas le désir de retrouver Odette et reste prisonnier de sa passion naissante. En effet, le champ lexical du mouvement avec l'accumulation des verbes au passé simple montre que sa quête n'est pas finie.

(en marge : à voir… / vs contradiction avec le calme…)

Sa quête s'achève quand il "heurte" Odette qui est prise d'un mouvement d'effroi lorsqu'elle le voit. L'esthète séducteur accepte désormais ses sentiments pour Odette.

(en marge : conversation à préciser, trop rapide)

En somme dans ce texte, Proust nous illustre la tendance des romans au XXe siècle, à travers la métamorphose psychologique de son personnage principal, syntaxe Swann. Oui, parce qu'il n'est pas facilement en présence d'Odette se révèle être d'une nature profondément jalouse, impulsive et irrationnelle. En faisant voyager émotionellement Swann à la manière d'un héros que, Proust instaure une relation amoureuse entre ce dernier et Madame de Crécy; la jalousie du jeune esthète parisien étant trop grande pour être refoulée. Cependant la jalousie de Swann ne pourra être que décuplée par l'arrivée

o d'un futur concurrant choyé par les Verdurin.

ouvrez sur l'importance de la jalousie dans La Recherche

COPIE 4

CONSIGNES ET CONDITIONS

Commentaire rédigé en classe de première sur table en quatre heures.

APPRÉCIATION DE LA COPIE

Un bon devoir sur un texte dense et difficile, des remarques excellentes, la fin du commentaire est moins rigoureuse et les retrouvailles étudiées un peu rapidement. Quelques maladresses de style. Un travail très encourageant, de bonnes intuitions qui peuvent parfois être explicitées.

NOTE DE LA COPIE

14/20

COMMENTAIRE DÉTAILLÉ

CE QUI EST BIEN

- **L'introduction** est précise, l'élève a une bonne maîtrise de la méthode de « l'entonnoir » : accroche générale sur Freud et l'évolution du genre romanesque :
  - situation d'*Un Amour de Swann* dans *A la Recherche du temps perdu*;
  - situation de l'extrait dans *Un Amour de Swann*;
  - thème de l'extrait;
  - assez bonne problématique;
  - annonce satisfaisante du plan.
- **Le plan**, clair dans l'ensemble (sauf sur la fin) :
  - **1. La jalousie de Swann**
    - A. Une absence insupportable
    - B. Une recherche irraisonnée
    - C. Une quête tragique qui rappelle celle d'Orphée
  - **2. La naissance de l'amour**
    - A. L'amour lié à l'inaccessibilité
    - B. Amour et fatalité
    - C. Un amour fantasmé
- Bonne transition et très bonne **progression des idées** entre les deux parties : le lien entre la jalousie et l'amour, le manque et la passion, est très bien perçu : c'est au moment où Odette échappe à Swann qu'il tombe amoureux d'elle.
- Une remarque intéressante sur l'étymologie du mot « passion » qui vient du latin *patior* = souffrir, endurer.

CE QUI DOIT ÊTRE CORRIGÉ

- Les **fautes** d'orthographe.
- Des **analyses contestables** : l'expression *mal sacré* (l.12-13) signifie avant tout que l'amour est une maladie tragique, une fatalité qui nous échappe.
- Des **maladresses de style** : *c'est* ou *et* reviennent trop souvent en début de phrase ; des fautes de syntaxe ; au début de l'introduction écrire plutôt « simultanément ».
- La **fin du devoir** est confuse.

CE QUI DOIT ÊTRE APPROFONDI

- **On aurait pu insister sur certains thèmes**, abordés un peu rapidement, en particulier :
  - **l'atmosphère nocturne et presque fantastique** : les passants deviennent des ombres fantomatiques, des spectres privés de réalité à peine reconnaissables (*fantômes, ombre d'une femme*) ;
  - **la mauvaise foi** de Swann qui éclate lors du dialogue avec son cocher : on peut noter l'opposition entre l'explication erronée de Swann [il faut chercher Odette non pas parce qu'il souhaite la trouver et vérifier qu'elle n'est pas avec un autre mais plutôt parce qu'elle serait *froissée si elle ne (l')avait pas vu* (l.4-6)] et la remarque pleine de bon sens de Rémi : *Je ne vois pas comment cette dame pourrait être froissée, répondit Rémi, puisque c'est elle qui est partie sans attendre Monsieur (...)* (l.1-3) ;
  - l'amour est représenté ici comme une **maladie** dont on guérit difficilement (*mal, guérir, douloureux*).
- **L'analyse stylistique** est parfois superficielle :
  - il faudrait étudier plus précisément le passage d'un point de vue interne à un point de vue omniscient. Dans le troisième paragraphe, le narrateur se présente comme un moraliste qui analyse avec lucidité le mécanisme amoureux (présent de vérité générale, emploi du pronom *nous*) et vient éclairer le comportement de Swann, complètement aveuglé par la jalousie ;
  - le narrateur donne alors une **vision pessimiste de l'amour** : le sentiment amoureux ne naît pas d'un coup de foudre ni d'un penchant réciproque mais d'un manque qui crée le besoin de l'autre (comme le souligne la triple répétition de *besoin* et la succession de termes péjoratifs pour le qualifier *anxieux, absurde, insensé*). Cette idée est réaffirmée à la fin du passage lorsque le narrateur montre que la quête est plus importante que son objet : *Quant à lui, il avait couru Paris non parce qu'il croyait possible de la rejoindre, mais parce qu'il lui était trop cruel d'y renoncer.* (l.33-34).
- On peut montrer comment le style met en valeur **l'agitation de Swann**, à travers :
  - la succession des verbes au passé simple *se fit conduire, poussa* ;
  - la multiplication des lieux visités *restaurants, maison Dorée, Tortoni, café anglais* ;
  - les entrées et sorties *entra deux fois, sortit* ;
  - la démarche : *marchant à grands pas* ;
  - le mouvement de la phrase qui rythme les allées et venues de Swann, en juxtaposant de courtes propositions (l.26-29).

- Le commentaire peut aller **plus loin dans l'interprétation** :
  - la comparaison avec Orphée qui descend aux enfers et perd une deuxième fois Eurydice en se retournant trop tôt, inscrit d'emblée cet amour dans la lignée des amours tragiques. En même temps, Odette est une demi-mondaine, ce qui **désacralise** la référence au mythe et en souligne l'incongruité ;
  - l'atmosphère fantastique crée un climat angoissant mais contribue aussi à la **déréalisation** de l'environnement de Swann qui perd peu à peu contact avec le réel et s'enferme dans son imaginaire et ses obsessions. Perdu dans ses pensées, Swann ne reconnaîtra pas Odette qui le heurte et l'oblige à revenir soudain dans la réalité ;
  - si les vraies raisons de l'absence d'Odette ne seront révélées que plus tard, son explication alambiquée rapportée par le narrateur montre bien qu'elle **ment** et qu'elle est embarrassée.
- **Le style propre à Proust** : phrases longues, analyse précise des sentiments humains.
- Pour clarifier la seconde partie, on pourrait suivre le plan suivant :
  - **2. La naissance de l'amour**
    - Les origines
    - Les manifestations
    - Une vision pessimiste
- **En conclusion**, on pourrait mettre comme synthèse et ouverture : « L'absence entraîne donc simultanément la jalousie et la naissance de l'amour qui se déploie loin de la femme aimée et donnera naissance au fantasme de Swann et à l'idéalisation d'Odette. Le retour au réel prendra du temps et la désillusion n'en sera que plus amère : *Dire que j'ai gâché des années de ma vie, que j'ai voulu mourir, que j'ai eu mon plus grand amour, pour une femme qui ne me plaisait pas, qui n'était pas mon genre !* s'exclame Swann à la fin du livre.

III. LE THÉÂTRE

MOLIÈRE (1622-1673), *LES PRÉCIEUSES RIDICULES*, SCÈNE 4,1659

Dès le début du XVIIe siècle, la préciosité littérairew, qui préconise la beauté du langaage et des sentiments, envahit les salons parisiens. Dans Les Précieuses ridicules, *Molière en stigmatise les exès à travers deux provinciales, Cathos et Madelon, venues s'installer à Paris. Alors que les deux jeunes femmes espèrent briller dans les milieux précieux, Gorgibus a d'autres projets pour sa fille et sa nièce puisqu'il a prévu de les marier à deux bons bourgeois.*

GORGIBUS. – Il est bien nécessaire, vraiment, de faire tant de dépense pour vous graisser le museau(1) ! Dites-moi un peu ce que vous avez fait à ces messieurs, que je les vois sortir avec tant de froideur ? Vous avais-je pas commandé de les recevoir comme des personnes que je voulais vous donner pour maris ?

MAGDELON. – Et quelle estime, mon père, voulez-vous que nous fassions du procédé irrégulier de ces gens-là ?

CATHOS. – Le moyen, mon oncle, qu'une fille un peu raisonnable se pût accommoder(2) de leur personne ?

GORGIBUS. – Et qu'y trouvez-vous à redire ?

MAGDELON. – La belle galanterie que la leur ! Quoi ! débuter d'abord par le mariage ?

GORGIBUS. – Et par où veux-tu donc qu'ils débutent ? par le concubinage ? N'est-ce pas un procédé dont vous avez sujet de vous louer toutes deux aussi bien que moi ? Est-il rien de plus obligeant que cela ? Et ce lien sacré où ils aspirent n'est-il pas un témoignage de l'honnêteté de leurs intentions ?

MAGDELON. – Ah ! mon père, ce que vous dites là est du dernier bourgeois ! Cela me fait honte de vous ouïr(3) parler de la sorte, et vous devriez un peu vous faire apprendre le bel air des choses.

GORGIBUS. – Je n'ai que faire ni d'air ni de chanson. Je te dis que le mariage est une chose sainte et sacrée, et que c'est faire en honnêtes gens que de débuter par là.

MAGDELON. – Mon Dieu ! que si tout le monde vous ressemblait un roman serait bientôt fini ! La belle chose que ce serait si d'abord Cyrus épousait Mandane, et qu'Aronce de plain-pied(4) fût marié à Clélie(5).

GORGIBUS. – Que me vient conter celle-ci ?

MAGDELON. – Mon père, voilà ma cousine qui vous dira, aussi bien que moi, que le mariage ne doit jamais arriver qu'après les autres aventures. Il faut qu'un amant, pour être agréable, sache débiter les beaux sentiments, pousser le doux, le tendre et le passionné, et que sa recherche(6) soit dans les formes. Premièrement, il doit voir au temple(7), ou à la promenade, ou dans quelque cérémonie publique, la personne dont il devient amoureux ; ou bien être conduit fatalement chez elle par un parent ou un ami, et sortir de là tout rêveur et mélancolique. Il cache un temps sa passion à l'objet aimé, et cependant lui rend plusieurs visites, où l'on ne manque jamais de mettre sur le tapis une question galante qui exerce les esprits de l'assemblée. Le jour de la déclaration arrive, qui se doit faire ordinairement dans une allée de quelque jardin, tandis que la compagnie s'est un peu éloignée ; et cette déclaration est suivie d'un prompt courroux(8), qui paraît à notre rougeur, et qui, pour un temps bannit l'amant de notre présence. Ensuite il trouve moyen de nous apaiser, de nous accoutumer insensiblement au discours de sa passion et de tirer de nous cet aveu qui fait tant de peine. Après cela viennent les aventures : les rivaux qui se jettent à la traverse d'une inclination établie(9), les persécutions des pères, les jalousies conçues sur de fausses apparences, les plaintes, les désespoirs, les enlèvements, et ce qui s'ensuit. Voilà comme les choses se traitent dans les belles manières, et ce sont des règles dont, en bonne galanterie on ne saurait se dispenser. Mais en venir de but en blanc(10) à l'union conjugale, ne faire l'amour(11) qu'en faisant le contrat du mariage, et prendre justement le roman par la queue(12) ; encore un coup mon père, il ne se peut rien de plus marchand(13) que ce procédé ; et j'ai mal au cœur de la seule vision que cela me fait.

Molière, *Les Précieuses ridicules*, scène 4, 1659.

1. Enduire le visage de crèmes.
2. Puisse s'arranger.
3. Entendre.
4. Sans obstacle.
5. Personnages de deux romans de Mlle de Scudéry, *Le Grand Cyrus* (1649-1653) et *Clélie* (1654-1660).
6. La cour.
7. À l'église.
8. Une colère subite.
9. Empêchent une attirance véritable.
10. Sans détours.
11. Parler d'amour, faire la cour.
12. Le dénouement.
13. Commun.

②

Commentaire du Texte 1 : Les Précieuses Ridicules
Molière

En réaction au règne d'Henri IV où les mœurs de la cour manquaient de finesse, le XVIIe siècle voit naître un courant de préciosité dans la société française. Il valorise les sentiments et le vocabulaire recherché. En 1659, Molière se moque de cette mode grâce à sa comédie Les Précieuses Ridicules. Elle met en scène deux jeunes précieuses, Cathos et Magdelon, qui tentent de s'opposer à leur père et oncle Gorgibus, bourgeois, qui veut les marier sans leur avis. La scène 4 de l'Acte I insiste sur le décalage entre les personnages qui présentent leurs visions du mariage. Il s'agit de voir comment Molière réussit à faire des portraits de ses personnages une critique de la société de son siècle contemporaine. Tout d'abord, il insiste sur l'opposition des portraits, puis sur le désaccord des personnages et enfin sur le contraste entre la préciosité et les coutumes de l'époque.

L'auteur nous livre en premier lieu des portraits opposés : celui du bourgeois, Gorgibus, et celui de deux précieuses, Cathos et Magdelon.

Gorgibus est le modèle du bourgeois parisien au XVIIe siècle. Tout d'abord, il est radin, c'est même la première impression que nous avons de lui. Il interpelle ~~en~~ effet les deux jeunes filles en critiquant leur besoin de "faire tant de dépenses pour [vous] graisser le museau" (l. 1). Il n'aime pas les dépenses inutiles et se rapproche en cela d'Harpagon dans L'Avare du même auteur. De plus, Gorgibus appartient à la "vieille école". Il est le chef de famille comme il le souligne avec le verbe "commander" (l. 3). Ce statut lui permet de choisir les hommes qu'il veut "donner pour maris" (l. 4) à sa fille et ~~/~~ à sa nièce. Cette coutume semble ancestrale pour les jeunes femmes. Enfin, le bourgeois se caractérise par sa naïveté : Gorgibus assimile instinctivement le mariage à l'"honnêteté", termes répétés deux fois (l. 13/18). Il n'y a que des bons sentiments qui peuvent découler d'une demande en mariage. Gorgibus apparaît donc comme un vieil homme attaché aux mœurs conservatrices, parfois aveuglément.

Bon sens
mariage d'intérêt
et surtout bourgeois

Par opposition, Magdelon et Cathos refusent de se soumettre à leur père et oncle. On distingue un sentiment de rébellion dans leurs propos, notamment à travers les critiques adressées à Gorgibus. Elles le comparent au "dernier bourgeois" (l. 15), termes péjoratifs. Le seul sentiment qu'elles expriment à son égard est la "honte" (l. 16) : elles le rejettent et refusent d'être assimilées à lui. Au lieu de s'intéresser à l'ancien temps, elles lisent

COPIE 1

des romans en vogue à l'époque comme *Le Grand Cyrus* et *Clélie* de Mademoiselle de Scudéry. Elles citent ces œuvres et en font des lieux communs : "La belle chose que ce serait si d'abord Cyrus épousait Mandane" (l. 4). Cathos et Magdelon sont l'opposé de Gorgibus. Elles suivent les modes, les courants et n'hésitent pas à contredire les plus âgés, considérés comme les plus sages.

Cette différence de caractère s'exprime également dans la vision du mariage. Gorgibus et les Précieuses ont deux thèses qui s'opposent en tout point.

Le point de vue de Gorgibus est celui du bourgeois. Tout d'abord, il semble naturel pour lui de choisir les époux : le mariage ne se fait pas par affinités. On le voit à travers l'absence totale de termes appartenant au champ lexical de l'amour dans ses propos. Le mariage est pour Gorgibus un acte symbolique, une coutume ancienne et intouchable. Il répète deux fois le terme "sacré" (l. 13/19). Il l'inscrit même dans la religion avec l'adjectif "sainte" (l. 19). Le mariage est une union, un sacrement. Il demeure très formel.

plutôt un intérêt

Gorgibus expose sa thèse de manière sûre. Il utilise des questions de rhétorique telles que "Et par où veux-tu donc qu'ils débutent ? par le concubinage ?" (l. 11). Il insiste auprès de ses filles avec les expressions "Je te dis" (l. 18) ou "c'est faire en honnêtes gens" (l. 19) : il utilise des présents de vérité générale, il n'émet aucun doute.

A cette vision s'oppose celle des deux précieuses. Selon elles, le mariage est l'accomplissement de l'amour, on ne peut pas commencer par se marier. Le galant doit suivre la "Carte du Tendre" pour conquérir le coeur de sa bien-aimée. Il y a donc des étapes successives marquées par les adverbes comme "Premièrement" (l. 27), "Ensuite" (l. 35) ou "après" (l. 36). L'utilisation de présents d'énonciation tels que "doit" (l. 27), "cache" (l. 30) ou "arrive" (l. 32) fait référence à une recette de cuisine. Tout est orchestré. De plus, le mariage est synonyme d'amour : on note l'omniprésence du champ lexical de l'amour dans la thèse de Magdelon avec les termes "amant" (l. 25), "sentiments" (l. 26) ou encore "passion" (l. 30). Les Précieuses insistent sur le fait qu'il ne peut pas y avoir de mariage sans sentiments. Pour convaincre Gorgibus, Magdelon a recours à un discours bien organisé avec une thèse, "Il faut" (l. 25), une conclusion, "Voilà comme les choses se traitent" (l. 39). Sa réplique occupe la moitié de la scène : elle redouble d'arguments. Elle utilise le terme "réglés" (l. 40) comme pour montrer l'aspect

B

COPIE 1

③

du naturel amoureux

conventionnel de ses propos. Enfin, elle reprend les principes de son père, « en venir de but en blanc » (l. 40) ou « prendre le roman par la queue » (l. 42), pour les rejeter.

Les personnages affirment chacun leur thèse sur le mariage, parfois de manière trop certaine. Molière joue sur cet aspect pour établir une critique de ses contemporains qui demeurent dans l'excès.

Il dresse tout d'abord une critique de la préciosité. Pour cela, il tourne en dérision Magdelon et Cathos, deux fidèles du mouvement. Molière insiste sur le vocabulaire et les tournures de phrase très distingués. Les deux jeunes femmes emploient régulièrement des périphrases telles que « le bel air des choses » (l. 16) pour parler de l'aspect optimiste des faits.

tournures littéraires et artificielles

Concernant les sentiments, les Précieuses vivent en permanence dans le rêve. Elles s'imaginent comme galant un preux (illustre) chevalier, qui éprouvera des difficultés pour les conquérir cela se voit à travers le champ lexical de la souffrance avec les termes « persécutions » (l. 37), « plaintes » ou « désespoirs » (l. 38). Comme Emma Bovary dans *Madame Bovary* de Flaubert, elles aimeraient connaître l'amour des histoires épiques ou romanesques. Enfin, leur préciosité est caricaturée par leur goût pour la précision, montré par les détails

en conclut

de la demande en mariage qui se fait "dans une allée de quelques jardins, tandis que la compagnie s'est un peu éloignée" (l. 32). Cathos et Magdelon adoptent toutes les attitudes des Précieuses d'une manière excessive et ridicule.

En dressant une telle caricature des Précieuses, Molière souligne également le décalage qui existe dans sa société, à savoir le décalage entre Précieuses et vieux bourgeois. Il se retrouve dans les propos des personnages. On a par exemple des quiproquos comme

"Magdelon : [...] vous devriez un peu vous faire apprendre le bel air des choses.
Gorgibus : Je n'ai que faire ni d'air ni de chansons."

Les périphrases employées par les Précieuses sont telles qu'il en résulte des malentendus de la part du reste de la société. Molière dépeint ainsi la volonté des Précieuses de se démarquer du reste. Leur ridicule est accentué par le regard qu'elles portent sur "ces gens-là" (l. 6), qui agissent avec des "procédés irréguliers" (l. 5). Elles veulent juger la normalité de l'époque.

A travers deux caricatures, celles du bourgeois omniprésente dans l'œuvre de Molière, et celle des Précieuses, le dramaturge

rapporte l'excès de la préciosité et son ridi-
-cule. Il dresse une critique de ce courant, problématique dans la société du XVIIe siècle. Cette scène est comique si on la replace dans le contexte de la pièce. Les deux Précieuses, si sûres d'elles, seront en effet les cibles d'une plaisanterie orchestrée par les deux hommes qu'elles ont renvoyés. Les <u>Précieuses Ridicules</u> s'inscrit dans la lignée des critiques faites par Molière, comme celle des médecins à travers <u>Le Médecin malgré lui</u>. ouverture qui peut être revue...

CONSIGNES ET CONDITIONS

Commentaire rédigé en classe de première sur table en trois heures, les élèves devant traiter auparavant une question sur le corpus.

APPRÉCIATION DE LA COPIE

Travail tout à fait satisfaisant, une analyse précise du texte et de ses enjeux. C'est bien !

NOTE

15/20

COMMENTAIRE DÉTAILLÉ

CE QUI EST BIEN

- **L'introduction** est claire et précise dans l'ensemble : l'accroche présente le contexte de la préciosité, le thème de la pièce est clairement posé, la problématique satisfaisante, l'annonce du plan également.
- **Le plan** est acceptable.
  - **1. Des portraits contrastés**
    - A. Le bourgeois Gorgibus
    - B. Les précieuses Cathos et Magdelon
  - **2. Une vision radicalement opposée du mariage**
    - A. Le mariage bourgeois
    - B. L'aventure galante
  - **3. La caricature de la préciosité**
    - A. Une vision idéaliste et artificielle
    - B. Des quiproquos comiques
- Les introductions partielles et les conclusions-transitions sont précises et assurent une bonne **progression des idées**.
- Les **thèmes** abordés sont justes : la double caricature de la bourgeoisie et de la préciosité.
- La **conclusion** propose une bonne synthèse et une ouverture sur la fin de la pièce (les précieuses seront victimes de la farce orchestrée par les prétendants éconduits).

CE QUI DOIT ÊTRE CORRIGÉ

- **Au niveau de la présentation**, on ne saute pas de ligne pour la conclusion-transition.
- **Au niveau de l'interprétation :**
  - Gorgibus est plus économe qu'avare, il ne veut pas faire de dépenses inutiles ;
  - Il aurait fallu déchiffrer derrière les artifices du langage **la véritable pensée des personnages** :
    - quand Gorgibus parle à deux reprises d'*honnêteté* (l.13 et l.19), il ne fait pas preuve de naïveté : il cache sous des termes qui appartiennent au champ lexical de la vertu ou de la piété (le mariage est *un lien sacré, une chose sainte et sacrée*) des valeurs **marchandes**. Derrière ces termes, il faut entendre l'intérêt de Gorgibus, en effet en les mariant à La Grange et Du Croisy, il leur assure un bon parti et ne les a plus à sa charge. Gorgibus, dans le monologue qui précède notre scène maugréait : *Ces pendardes-là, avec leur pommade, ont, je pense, envie de me ruiner* ;
    - de même, quand les précieuses parlent d'amour il faut plutôt entendre **galanterie**.
- **Au niveau du développement,** il faut éviter de faire des rapprochements avec d'autres textes, surtout des textes postérieurs. Ainsi, la référence à *Madame Bovary* est mal venue dans le développement car le contexte n'a rien à voir avec celui de la préciosité. En revanche, cette référence sera parfaite comme ouverture en conclusion, Emma Bovary rêvant d'un amour chevaleresque issu de ses lectures romanesques.

CE QUI DOIT ÊTRE APPROFONDI

- On aurait pu faire une partie sur **la dimension comique du conflit** qui oppose Gorgibus à Cathos et Magdelon, en insistant sur le contraste entre la trivialité du langage de Gorgibus et le raffinement grotesque du langage des précieuses qui aboutit à une incompréhension mutuelle. Alors que Gorgibus parle de manière simple voire familière en utilisant des expressions imagées (*graisser le museau*, l.1-2), les précieuses privilégient les formules abstraites (*le doux, le tendre et le passionné*) et les phrases longues.
- Concernant **les deux conceptions du mariage**, on aurait pu préciser que pour Gorgibus le mariage se réduit à un contrat marchand, en d'autres termes à un échange d'intérêts. Par ailleurs, là où le père voit dans le mariage un début (l.10), Magdelon y voit une fin (l.25), c'est-à-dire le dénouement de multiples aventures romanesques.
- Il faudrait approfondir **l'analyse stylistique et thématique** de la tirade de Magdelon :
  - la tirade apparaît comme **une parodie de la préciosité** : *Cyrus, Mandane, Aronce, Clélie* sont autant de personnages issus des romans-fleuves à succès de Mme de **Scudéry,** *Artamène ou le Grand Cyrus* et *Clélie, histoire romaine*, ouvrages contemporains de Molière ;
  - et plus précisément **de la Carte du Tendre** :

- Dans *Clélie*, Mme de Scudéry avait détaillé la Carte du Tendre, qui est une carte de géographie amoureuse, décrivant de manière métaphorique **les étapes de la galanterie**. On retrouve dans la tirade de nombreuses allusions à cette carte et à ses localités galantes, prises ici au sens propre et non figuré.
- Comme dans la littérature courtoise, la dame se trouve sur un piédestal et doit être conquise après de multiples obstacles. Ces étapes sont reprises dans la tirade avec les adverbes : *Premièrement*, (l.27 et 35) *Ensuite*, *Voilà* (l.39). Dans l'ordre on trouve, la rencontre puis la déclaration, suivie des nombreuses aventures.
    - Tout comme le parcours tracé d'avance, **les décors sont préalablement fixés** : *le temple* (l.27), *une allée de quelque jardin* (l.33) ;
    - et **les rôles parfaitement définis** :

      La distribution des rôles et la répartition des répliques ne laisse rien au hasard, chacun semble jouer sa partition de manière attendue et sans laisser la moindre place à l'improvisation : l'amant, comme tout bon acteur, doit être capable de déclamer son amour sur tous les tons et en variant les registres ; quant à l'amante, elle sait cacher ses sentiments et feindre d'être outrée par la déclaration de son amant qu'elle ne repousse que pour mieux le séduire.
    - Le **rituel** est souligné par les tournures *il faut* (l.25), *il doit* (l.27) et le présent d'habitude.
    - Cet aspect artificiel finit par vider l'amour de tout naturel et par transformer la passion en un **artifice** galant dénué de toute spontanéité et authenticité.
- Enfin, Molière **dénonce l'idéalisme des précieuses** qui s'imaginent que l'amour réel peut se calquer sur celui des romans courtois sans tenir compte des réalités de leur époque.

  À cet égard, de nombreuses **incohérences** laissent entrevoir la critique de l'auteur :
    - Les précieuses parlent d'émancipation et de modernité mais elles sont prêtes à revenir au Moyen Âge ;
    - Les précieuses utilisent un langage raffiné mais certaines expressions semblent décalées comme *prendre justement le roman par la queue* (l.42) et *j'ai mal au cœur de la seule vision* (l.44).
- **Au niveau de la conclusion :**

  Comme ouverture, plutôt que de citer *Le Médecin malgré lui*, on peut ouvrir sur une autre pièce de Molière, *Les Femmes savantes* (1672), dans laquelle les femmes refuseront de se marier, si ce n'est avec la philosophie !

ARMANDE

Mon Dieu, que votre esprit est d'un étage bas!
Que vous jouez au monde un petit personnage,
De vous claquemurer aux choses du ménage,
Et de n'entrevoir point de plaisirs plus touchants
Qu'un idole d'époux et des marmots d'enfants!
Laissez aux gens grossiers, aux personnes vulgaires,
Les bas amusements de ces sortes d'affaires;
À de plus hauts objets élevez vos désirs,
Songez à prendre un goût des plus nobles plaisirs,
Et traitant de mépris les sens et la matière,
À l'esprit comme nous donnez-vous toute entière.
Vous avez notre mère en exemple à vos yeux,
Que du nom de savante on honore en tous lieux :
Tâchez ainsi que moi de vous montrer sa fille,
Aspirez aux clartés qui sont dans la famille,
Et vous rendez sensible aux charmantes douceurs
Que l'amour de l'étude épanche dans les cours;
Loin d'être aux lois d'un homme en esclave asservie,
Mariez-vous, ma sœur, à la philosophie,
Qui nous monte au-dessus de tout le genre humain,
Et donne à la raison l'empire souverain,
Soumettant à ses lois la partie animale,
Dont l'appétit grossier aux bêtes nous ravale.
Ce sont là les beaux feux, les doux attachements,
Qui doivent de la vie occuper les moments;
Et les soins où je vois tant de femmes sensibles
Me paraissent aux yeux des pauvretés horribles.

HENRIETTE

Le Ciel, dont nous voyons que l'ordre est tout-puissant,
Pour différents emplois nous fabrique en naissant ;
Et tout esprit n'est pas composé d'une étoffe
Qui se trouve taillée à faire un philosophe.
Si le vôtre est né propre aux élévations
Où montent des savants les spéculations,
Le mien est fait, ma sœur, pour aller terre à terre,
Et dans les petits soins son faible se resserre.
Ne troublons point du Ciel les justes règlements,
Et de nos deux instincts suivons les mouvements :
Habitez, par l'essor d'un grand et beau génie,
Les hautes régions de la philosophie,
Tandis que mon esprit, se tenant ici-bas,
Goûtera de l'hymen les terrestres appas.
Ainsi, dans nos desseins l'une à l'autre contraire,
Nous saurons toutes deux imiter notre mère :
Vous, du côté de l'âme et des nobles désirs,
Moi, du côté des sens et des grossiers plaisirs ;
Vous, aux productions d'esprit et de lumière,
Moi, dans celles, ma sœur, qui sont de la matière.

Molière, *Les Femmes savantes*, acte I, scène 1, 1672.

JEAN RACINE (1639-1699), *BÉRÉNICE*, ACTE V, SCÈNE 5 (VERS 1303-1347)

L'argument de la pièce pourrait se résumer à cette phrase de Suétone que Racine cite dans sa préface : « Titus, qui aimait passionnément Bérénice, et qui même, à ce qu'on croyait, lui avait promis de l'épouser, la renvoya de Rome, malgré lui et malgré elle, dès les premiers jours de son empire. » La tradition romaine, incarnée par le Sénat, réprouvait en effet l'union d'un Empereur et d'une reine étrangère.

BÉRÉNICE Non, je n'écoute rien. Me voilà résolue :
Je veux partir. Pourquoi vous montrer à ma vue ?
Pourquoi venir encore aigrir mon désespoir ?
N'êtes-vous pas content ? Je ne veux plus vous voir.

TITUS Mais, de grâce, écoutez.

BÉRÉNICE Il n'est plus temps.

TITUS Madame,
Un mot.

BÉRÉNICE Non.

TITUS Dans quel trouble elle jette mon âme !
Ma Princesse, d'où vient ce changement soudain ?

BÉRÉNICE C'en est fait. Vous voulez que je parte demain,
Et moi, j'ai résolu de partir tout à l'heure ;
Et je pars.

TITUS Demeurez.

BÉRÉNICE Ingrat, que je demeure !
Et pourquoi ? Pour entendre un peuple injurieux
Qui fait de mon malheur retentir tous ces lieux ?
Ne l'entendez-vous pas, cette cruelle joie,
Tandis que dans les pleurs moi seule je me noie ?
Quel crime, quelle offense a pu les (1) animer ?
Hélas ! Et qu'ai-je fait que de (2) vous trop aimer ?

TITUS Écoutez-vous, madame, une foule insensée ?

BÉRÉNICE Je ne vois rien ici dont je ne sois blessée.
Tout cet appartement préparé par vos soins,
Ces lieux, de mon amour si longtemps les témoins,
Qui semblaient pour jamais me répondre du vôtre,
Ces festons (3), où nos noms enlacés l'un dans l'autre
À mes tristes regards viennent partout s'offrir,
Sont autant d'imposteurs que je ne puis souffrir.
Allons, Phénice.

TITUS Ô ciel ! Que vous êtes injuste !

BÉRÉNICE Retournez, retournez vers ce sénat auguste (4)
Qui vient vous applaudir de votre cruauté.
Hé bien ! Avec plaisir l'avez-vous écouté ?
Êtes-vous pleinement content de votre gloire ?
Avez-vous bien promis d'oublier ma mémoire ?
Mais ce n'est pas assez expier vos amours :
Avez-vous bien promis de me haïr toujours ?

TITUS Non, je n'ai rien promis. Moi, que je vous haïsse !
Que je puisse jamais oublier Bérénice !
Ah ! Dieux ! dans quel moment son injuste rigueur
De ce cruel soupçon vient affliger mon cœur !
Connaissez-moi, madame, et depuis cinq années
Comptez tous les moments et toutes les journées
Où par plus de transports et par plus de soupirs
Je vous ai de mon cœur exprimé les désirs :
Ce jour surpasse tout. Jamais, je le confesse,
Vous ne fûtes aimée avec tant de tendresse ;
Et jamais...

BÉRÉNICE Vous m'aimez, vous me le soutenez ;
Et cependant je pars, et vous me l'ordonnez !

Jean Racine, *Bérénice*, acte V, scène 5.

(1) Les Romains.
(2) Si ce n'est de.
(3) Guirlandcs.
(4) Vénérable.

COMMENTAIRE

Les thèmes de l'Antiquité romaine ont inspiré de nombreux tragédiens. Ainsi, Jean Racine, dans sa tragédie classique Bérénice, représentée pour la première fois en 1670, met en scène l'Empereur Titus confronté au Sénat pour son mariage. Dans la cinquième scène du cinquième acte, Titus essaye d'expliquer à la femme qu'il aime, la Reine Bérénice, qu'en vertu des lois de Rome, ils ne peuvent se marier. Bérénice est affligée et ne le laisse pas parler. D'une part, Racine présente les deux amants dans une situation tendue, d'autre part il nous fait le portrait de Bérénice comme une femme malheureuse. Finalement, le personnage de Titus est face à un dilemme classique entre amour et devoir.

Dans cette scène, Titus et Bérénice sont très opposés et n'arrivent pas à s'expliquer malgré l'amour que chacun a pour l'autre. Titus est très amoureux de Bérénice : "Ma Princesse", comme le montre le caractère affectif de l'adjectif possessif "ma" et la connotation très positive du terme "princesse". De plus, le champ lexical de l'amour permet à Titus d'assurer à Bérénice qu'il l'aime toujours : "amour", "amours", "soupirs", "désirs". De plus, le groupe verbal "je le confesse" (vers 41) assure Bérénice de la véracité de son amour. Cependant, les lois romaines interdisent à Titus d'épouser Bérénice, et il la supplie de ~~la~~ bien vouloir l'écouter. C'est pour cela que dans ce dialogue, Titus fait souvent appel aux cinq sens "écoutez", "voir" pour que Bérénice prête plus d'attention à lui. Cette tentative de dialogue est marquée par les impératifs à valeur de souhait : "Demeurez" (vers 11), "écoutez" (vers 5) et par des supplications visibles dans les termes "de grâce" (vers 5). Cependant, Bérénice est entêtée et son refus d'écouter et de laisser parler Titus est visible dans la stichomythie.

Oui
répétition
à
répétition
o
oui
md

COPIE 2
COPIE 2

"Mais de grâce écoutez.
Il n'est plus temps.
Madame
Un mot.
Non",

vers qui met en évidence le refus de Bérénice, comme on le voit au vers 43 "Et jamais ..." dont les points de suspension sont le signe que Bérénice a coupé la parole à Titus. Qui plus est, Bérénice dispose de la majorité du temps de parole, et excepté la dernière réplique de Titus, elle ne le laisse pas parler pendant plus de deux vers. Par ailleurs, Bérénice cherche à provoquer Titus : "Hé bien, avec plaisir l'avez-vous écouté ?" et critique Titus avec ironie :

Intégrez mieux vos citations

"Retournez, retournez vers ce sénat auguste,
Qui vient de vous applaudir de votre cruauté" (vers 26 et 27)

Ces antiphrases permettent à Bérénice d'attaquer violemment Titus dans son amour-propre, comme le montre l'oxymore "applaudir de votre cruauté". Titus, lui aussi, veut signifier à Bérénice qu'elle exagère, et, pour ce faire, utilise les mêmes procédés qu'elle, à savoir l'antiphrase en la qualifiant d'"injuste" et de "cruelle". Titus essaye donc de justifier ses actes en lui montrant son amour et son intensité grâce aux exclamatives "Moi, que je vous haïsse !" (vers 33), "Que je puisse jamais oublier Bérénice !". Pour plus d'insistance, Titus recourt au même vocabulaire que Bérénice, ce qui a un effet de parallélisme frappant : "Avez-vous bien promis ?" s'oppose à "Non, je n'ai rien promis", "haïr" et "oublier" s'opposent à "Que je vous haïsse !" et "Oublier Bérénice". De plus, l'enjambement sur trois vers "Depuis cinq années [...] exprimé les désirs" montre bien, par sa longueur, l'intensité de l'amour que Titus voue à Bérénice. Toutefois, cela n'empêche pas celle-ci d'être présentée comme une femme pathétique et malheureuse.

md

2/2

Suite de l'Examen de français

Racine présente Bérénice comme une jeune femme résolue,

B malheureuse mais toutefois digne et pure. Après l'annonce de Titus quant à son obligation de partir, Bérénice paraît résolue et déterminée comme le montre ce champ lexical : "résolue", "c'en est fait", "je veux". Bérénice est décidée à mourir car elle doit quitter Titus qu'elle aime et sur le champ, ce qui est marqué par l'antithèse suivante "Vous voulez que je parte demain [...] J'ai résolu de partir tout à l'heure". Cette résolution se marque aussi dans les répétitions du verbe "partir" par trois fois dans une réplique, verbe auquel

Oui s'oppose un autre : "demeurer" que l'on retrouve chez Titus, puis chez Bérénice reprenant ses dires :

" Et je pars.

Demeurez.

Ingrat, que je demeure ! "

Mais c'est surtout le malheur et le désespoir qui caractérise Bérénice. Cela est très bien marqué par le champ lexical de la tristesse et du désespoir : " aigrir mon désespoir " (vers 3), "malheurs", "triste" et par la métaphore et l'hyperbole suivantes : " dans les pleurs moi seule je me noie " (vers 16) ; cette hyperbole montre bien l'intensité du malheur de Bérénice, ce que l'on voit aussi dans l'emploi d'adverbe

O fort comme "rien", "tout", "si longtemps", "pour jamais", opposés les uns aux autres, qui rendent la tirade de Bérénice manichéenne et dénotent ~~de~~ sa tristesse. L'interjection "Hélas !", les questions oratoires telles

" Pourquoi venir encore aigrir mon désespoir (vers 2),

md sont le signe de l'échéance terrible de la tristesse de Bérénice, comme le montre l'allitération en [R] " partir", "résolue", "encore", "montrer"

répétition des premiers vers, signe d'une vie rude, affreuse et malheureuse. En provoquant Titus, Bérénice cherche à le faire réagir, en le traitant md — comme détestable, elle souhaite qu'il considère son sort :

juste — "Avez-vous bien promis d'oublier ma mémoire ?
Mais ce n'est pas assez expier vos amours :
Avez-vous bien promis de me haïr toujours ?"

Ces trois vers, dont les deux extrêmes ont la même structure, pour plus de

md — persuasion, sont très forts et méchants, surtout du fait de la gradation entre le premier et le dernier. La tournure "oublier ma mémoire", proche de l'oxymore est une injure à Titus, tout comme "haïr toujours", md X impossible pour l'amant qu'est Titus. Bérénice cherche donc à montrer

répétition — à son amant l'horreur de son sort. Elle le montre aussi en mettant en avant sa pureté, l'absence de péchés dans sa personne :

"Quel crime, quelle offense a pu les animer ?
"Hélas ! Et qu'ai-je fait que de vous trop aimer ?"

oui — Le désespoir et le sentiment d'injustice dominent dans ces vers. Bérénice dans ce dernier vers assez paradoxal veut émouvoir Titus. Cependant,

? — Titus est bel et bien indécis et face à un important dilemme.

Titus est face à un important dilemme, mais apparaît d'abord comme un personnage très troublé : "Dans quel trouble elle jette mon âme !"

md — montre bien, par son caractère exclamatif, l'importance de la gêne qui occupe le coeur de Titus. Titus le lui dit bien, parlant plus à lui-même :

"Dans quel moment son injuste rigueur
De ce cruel soupçon vient-elle affliger mon coeur !"

répétition — L'enjambement dans ces vers montre bien l'intensité du trouble de Titus qui est soumis à un affreux dilemme. Titus doit en effet respecter son devoir d'Empereur, qui est de ne pas épouser Bérénice,

répétition — alors qu'il l'aime. Il traitera donc en effet le peuple romain qui l'accable par ses lois d'"insensé" : "une foule insensée" (vers 18)

insérez mieux les citations — Titus est donc obligé par le Sénat à la rupture : "Vous voulez que je parte demain". De plus, Titus doit se décider dans les vingt-quatre heures imposées par l'unité de temps, après cinq années d'amour ; et il aime Bérénice, amour impossible. L'Empereur Titus lui manifeste tout son amour par l'emploi important — comme Bérénice auparavant — d'adverbes montrant une quantité excessive :

"Comptez tous les moments et toutes les journées
Où par plus de transports et plus de soupirs
[...]
Ce jour surpasse tout"

Le désespoir de Titus et son dilemme sont paradoxalement très bien décrits par les deux derniers vers de Bérénice :

Oui

" Vous m'aimez, vous me le soutenez
Et cependant je pars, et vous me l'ordonnez"

qui jouent sur de nombreuses antithèses, tout d'abord entre "aimez" et "ordonnez", mais surtout sur les pronoms personnels des première et deuxième personne, abondamment usités dans ces deux vers, et qui mettent en évidence la relation de Titus à Bérénice et cela montre bien que Bérénice a compris le dilemme de Titus.

Finalement, Racine présente dans cette scène un couple proche de la rupture, non pas par leur faute, mais à cause du peuple et des lois romaines. Titus et Bérénice sont opposés dans la scène et leurs critiques sont parfois amères pour montrer leur désespoir. Bérénice est très malheureuse, Titus le voit bien, confronté à un dilemme de taille entre devoir et amour, dilemme "cornélien" paradoxalement, qui rappelle celui de Don Rodrigue dans Le Cid de Corneille, où il aime Chimène mais doit tuer le père de celle-ci qui a outragé son propre père. Un siècle plus tard, la Reine Marie-Antoinette sera dans une situation un peu semblable à celle de Bérénice : Autrichienne, elle sera très mal vue par le peuple Français. Bien que mariée à Louis XVI, elle finira sa vie sur l'échafaud, comme son mari et son fils.

COPIE 2

CONSIGNES ET CONDITIONS

Commentaire rédigé en classe de première sur table, en trois heures, les élèves devant traiter auparavant une question de corpus.

APPRÉCIATION DE LA COPIE

Des thèmes bien dégagés mais une analyse et une interprétation encore un peu superficielles et des enchaînements à préciser ou à revoir. Quelques maladresses de style et fautes de syntaxe. Un bon devoir dans l'ensemble !

NOTE DE LA COPIE

13/20

COMMENTAIRE DÉTAILLÉ

CE QUI EST BIEN

- **L'introduction** : assez succincte, elle respecte toutefois les différentes étapes obligées (accroche, présentation de l'auteur, genre de la pièce, situation et thème de l'extrait, annonce du plan)
- **Le plan** est satisfaisant.
  - **1. La tension entre les deux amants**
    - A. Une communication difficile
    - B. Un ton provocateur et ironique
  - **2. Le portrait de Bérénice**
    - A. Une femme résolue
    - B. Une femme blessée
    - C. Une femme digne
  - **3. Le dilemme de Titus**
    - A. Visible à travers son trouble
    - B. L'impossibilité de concilier amour et politique
- **Les thèmes** abordés sont justes.
- **Les introductions partielles** sont claires, en particulier celle au début de la deuxième partie.
- **L'analyse stylistique** est assez précise :
  - la reprise de termes et les effets de **stichomythie** (= enchaînement de répliques brèves, pour se rappeler l'orthographe du mot et la place du y : penser à mythe) sont bien vus ;
  - **la versification** : l'élève mentionne des enjambements et étudie leurs effets ;
  - **Les figures de style** : la copie relève des interrogations rhétoriques, des hyperboles et un oxymore (= alliance de termes de sens contraire) ;
  - **les registres** : l'élève étudie **l'ironie** à travers l'emploi d'antiphrases.

- Enfin, la copie analyse également la répartition du temps de parole, très importante au théâtre où « dire c'est faire ».

CE QUI DOIT ÊTRE CORRIGÉ

- On dit et on écrit : dilemme
- **Quelques maladresses de style :**
  - ... *le portrait de Bérénice comme une femme malheureuse* on dirait plutôt : « ... le portrait de Bérénice qui apparaît comme une femme malheureuse » ou « Bérénice, dépeinte comme une femme malheureuse. »
  - Son refus d'écouter et de laisser parler Titus est *visible dans la stichomythie* on dirait plutôt : « ... se traduit par la stichomythie. »
  - *L'interjection « Hélas ! », les questions oratoires (...) sont le signe de l'échéance terrible de la tristesse de Bérénice,* on dirait plutôt : « ... sont la manifestation de l'immense désespoir de Bérénice. »
  - *Bérénice cherche à le faire réagir, en le traitant comme détestable, elle souhaite qu'il considère son sort...* on pourrait dire : « Bérénice cherche à faire réagir Titus en le dépeignant comme quelqu'un qui n'aurait pour elle que haine et mépris. »
  - *Ces trois vers... sont très forts et méchants, surtout du fait de la gradation entre le premier et le dernier* : le vocabulaire est assez plat, les deux propositions sont mal reliées entre elles, on pourrait dire : « Dans ces vers, Bérénice, sous l'effet de la douleur, renvoie à Titus une image exécrable de lui-même, tout en souhaitant qu'il renie ce portrait et qu'il lui réitère son amour. »
- Des répétitions à éviter : *de plus*
- **La présentation des vers** n'est pas toujours satisfaisante : rappel des règles de présentation en ce qui concerne les vers : la citation de plusieurs vers se fait soit avec retour à la ligne de l'ensemble, soit, pour quelques vers, en les séparant par une barre oblique (avec la reprise de la majuscule en tête de vers s'il y a lieu)
- **L'enchaînement des idées est à revoir :**
  - la progression du A au B dans le 1 n'est pas très claire et pas marquée par un alinéa ;
  - la transition entre le 1 et le 2 est un peu maladroite : Bérénice est agressive justement parce qu'elle est amoureuse ;
  - de même entre le 2 et le 3 : *Titus est face à un important dilemme mais apparaît d'abord comme un personnage très troublé* ; le lien n'est pas satisfaisant, il faudrait utiliser non un lien d'opposition mais un lien de conséquence : « ce qui justifie son trouble extrême ».
- Il faudrait préciser davantage les lignes des vers.
- Revoir **l'insertion des citations** : il faut éviter d'accumuler les deux points, la phrase doit continuer à se lire sans coupure.
  - Dans la première partie : *De plus, le champ lexical de l'amour permet à Titus d'assurer à Bérénice qu'il l'aime toujours : « amour », « amours », « soupirs », « désirs ».* On pourrait écrire : « Le champ lexical de l'amour, composé des termes : *amour, amours, soupirs, désirs,* montre que Titus renouvelle avec force sa passion pour Bérénice. »
- La référence aux cinq sens, au début du devoir, est peu convaincante

CE QUI DOIT ÊTRE APPROFONDI

- On pourrait préciser **l'analyse stylistique** et en particulier l'analyse de la **versification**. Ainsi, on peut commenter quelques rimes significatives :
  - *Bérénice* rime ici avec *haïsse*, ce qui souligne la progression du tragique et l'impossibilité de leur amour ;
  - effet de rime intérieure : *Et je pars* (3)/ *Demeurez* (3)// *Ingrat, que je demeure* (6). L'impératif est ainsi mis en valeur par sa place et par l'effet de rime intérieure ;
  - noter la diérèse *peuple injurieux* qui renforce les protestations du peuple à l'encontre de Bérénice et la nécessité de son départ ;
  - commenter la disposition des vers qui se disloquent entre les interlocuteurs, afin de renforcer la tension et souligner certains termes, comme l'impératif *Demeurez*.
- Insister sur **la contradiction entre les paroles et l'exécution de l'acte** : Bérénice ne cesse d'annoncer l'imminence de son départ *(je veux partir, je ne veux plus vous voir, j'ai résolu de partir, je pars)* mais en réalité, elle n'agit pas.

  De plus, on passe d'un départ choisi : *Je veux partir* (v. 2) à un départ imposé : *Et cependant je pars, et vous me l'ordonnez !* (v.44).
- Préciser les registres : **l'ironie** ne cache en fait que l'amertume de Bérénice, sa **rancœur**. On peut parler ici de **persiflage sarcastique** qui se mêle à une tonalité de **lyrisme** pathétique et accroît l'humanité du personnage.
- On pourrait s'interroger sur la sincérité des propos de Titus et insister sur le fossé qui sépare les personnages : Bérénice n'envisage pas un instant la gloire de Titus et son statut d'empereur, elle se place du côté des sentiments tandis que Titus a déjà choisi la politique contre l'amour, quoiqu'il en dise.
- Il faudrait insister sur ce qui fait **l'essence du tragique chez Racine**, comme l'écrivent Françoise Laurent et Andrée Michel : « *C'est dans cet écart entre l'image qu'ils veulent donner d'eux et leur être que se situe la déchirure tragique. La tension tragique n'est plus liée au conflit entre gloire et amour, mais bien plutôt aux contradictions de la nature humaine. Les personnages veulent désespérément atteindre une perfection illusoire, sauver l'image idéale qu'ils se font d'eux-mêmes, se hausser à la hauteur du mythe qu'ils ont eux-mêmes forgé : ils apparaissent à la fois étincelants et misérables.* » p. 100-101, *Bérénice*, « Balises », éd. Nathan.
- **En conclusion**, l'élève propose deux ouvertures assez bonnes, l'une littéraire et l'autre historique, on aurait pu également parler de l'originalité de la fin en citant **la préface de Racine** : « *Ce n'est point une nécessité qu'il y ait du sang et des morts dans une tragédie ; il suffit que l'action en soit grande, que les acteurs en soient héroïques, que les passions y soient excitées, et que tout s'y ressente de cette tristesse majestueuse qui fait tout le plaisir de la tragédie* ». Ainsi, Bérénice à la fin de la pièce, renonce à mourir et s'apprête à partir après un dernier adieu.

MOLIÈRE (1622-1673), *LE MALADE IMAGINAIRE*, ACTE II, SCÈNE 5, 1673

Argan veut que son gendre soit médecin. Le prétendant à la main de sa fille Angélique entre en scène, accompagné de son père, Monsieur Diafoirus. Celui-ci parle de son fils.

Monsieur Diafoirus :

Ce n'est pas parce que je suis son père, mais je puis dire que j'ai sujet d'être content de lui, et que tous ceux qui le voient en parlent comme d'un garçon qui n'a point de méchanceté. Il n'a jamais eu l'imagination bien vive, ni ce feu d'esprit qu'on remarque dans quelques-uns, mais c'est par là que j'ai toujours bien auguré de sa judiciaire (1), qualité requise pour l'exercice de notre art. Lorsqu'il était petit, il n'a jamais été ce qu'on appelle mièvre et éveillé. On le voyait toujours doux, paisible et taciturne, ne disant jamais mot, et ne jouant jamais à tous ces petits jeux que l'on nomme enfantins. On eut toutes les peines du monde à lui apprendre à lire, et il avait neuf ans qu'il ne connaissait pas encore ses lettres. « Bon, disais-je en moi-même, les arbres tardifs sont ceux qui portent les meilleurs fruits. On grave sur le marbre bien plus malaisément que sur le sable ; mais les choses y sont conservées bien plus longtemps, et cette lenteur à comprendre, cette pesanteur d'imagination, est la marque d'un bon jugement à venir ». Lorsque je l'envoyai au collège, il trouva de la peine ; mais il se raidissait contre les difficultés, et ses régents (2) se louaient toujours à moi de son assiduité et de son travail. Enfin, à force de battre le fer, il en est venu glorieusement à avoir ses licences ; et je puis dire sans vanité que, depuis deux ans qu'il est sur les bancs, il n'y a point de candidat qui ait fait plus de bruit que lui dans toutes les disputes de notre école. Il s'y est rendu redoutable, et il ne se passe point d'acte où il n'aille argumenter à outrance pour la proposition contraire. Il est ferme dans la dispute (3), fort comme un Turc sur les principes, ne démord jamais de son opinion, et poursuit un raisonnement jusque dans les derniers recoins de la logique. Mais, sur toute chose, ce qui me plaît en lui, et en quoi il suit mon exemple, c'est qu'il s'attache aveuglément aux opinions de nos anciens, et que jamais il n'a voulu comprendre ni écouter les raisons et les expériences des prétendues découvertes de notre siècle touchant la circulation du sang et autres opinions de même farine.

Molière, *Le Malade imaginaire*, acte II, scène 5, 1673.

(1) Capacité à raisonner sagement.
(2) Celui qui dirige une classe, un élève.
(3) *D*ébat sur des points de doctrine.

Si votre composition comporte plusieurs feuilles, numérotez les.

…/…

texte B

Molière, l'un des plus grands dramaturges français du XVIIe siècle, connu pour ses satires, écrivit en 1673, une fameuse comédie de mœurs, le Malade Imaginaire dans laquelle Argan, un des personnages principaux veut que son gendre soit médecin.

Le prétendant à la main d'Angélique, sa fille, entre en scène, accompagné de son père, Monsieur Diafoirus qui parle de son fils pour convaincre Argan, lors de la scène 5 de l'acte II.

Bonne intro.

Aussi pouvons nous nous demander comment Molière ridiculise à la fois le portrait et le portraitiste pour faire naître le comique. En effet, le fils Diafoirus est stupide son père apparaît en portraitiste ridicule, aussi Molière nous expose-t-il la satire d'un médecin formaliste et rétrograde.

La stupidité du fils Diafoirus apparaît comique par un ~~manque~~ de capacités accablante qui conduit à une évolution prévisible.

Dès son enfance, "lorsqu'il était petit" l5, il n'a ni "imagination" l3, ni "feu d'esprit" l3. La seule qualité qu'on pourrait lui attribuer est qu'il n'a point de "méchanceté" l2. Cette "lenteur à apprendre" et "cette pesanteur d'imagination" l10 sont illustrées par le rythme lent et binaire "jamais, jamais" l2 et 5. En effet, malgré "toutes les peines du monde" l7 il ne savait pas lire. Les pronoms extérieurs ? tels que "on" l5 et 7 et "je" pour Monsieur Diafoirus témoignent de la passivité du fils.

Bien

Il était "doux" l5, "paisible" l5 "taciturne" et "ne disait jamais mot" l6 qui constituent une gradation. Il est même comparé à un "arbre" et à de "marbre" l9 et 9. Ce n'est qu'à partir de son collège qu'il m"a dit" et

COPIE 3

COPIE 3

l'on pourrait considérer "il se raidissait contre les difficultés, et ses régents" pour une hypallage.

Bien que le fils Diafoirus soit stupide, on observe tout au long du texte une évolution grâce aux connecteurs logiques "Lorsque" l4 et l11, "enfin" l13 qui marquent des obstacles surmontés à chaque petit changement. (B) Par ailleurs, le rythme s'accélère avec un rythme ternaire "je puis dire sans vanité que, depuis deux ans qu'il est sur les bancs, il n'y a point de candidat qui ait fait plus de bruit que lui" l15 et s'accompagne d'une opposition avec les affirmations du début. Dans ce cadre, "doux, paisible" s'oppose à "ferme, redoutable" l16 et "taciturne" l6 à "plus de bruit" l15. Ainsi il prend de plus en plus d'importance avec la multiplication du pronom "il" l 12, 13, 14, 16, 19 au fur et à mesure qu'il ressemble à son père avec des accumulations comme le montre la phrase l 16, 17, 18. et "force de battre le fer" l 13, le père a réussi à transmettre à son fils ses valeurs auxquelles il "s'attache aveuglément" l 20. Ainsi le père expose-t-il les exploits de son fils de manière subjective car il s'agit bien du point de vue de Diafoirus, le portraiteur.

(oui)

(Bonne analyse)

Le père apparaît en effet ridicule par une perpétuelle exagération des qualités de son fils qui traduisent l'orgueil de M. Diafoirus. Le registre épidictique et plus particulièrement l'éloge est omniprésent dans cette tirade. Il est marqué par des figures de style telles que l'hyperbole "tous ceux qui le voient" l 2 ou encore "il ne s'y passe point d'acte où il n'aille argumenter" l 16. On observe également une accumulation "ferme dans la dispute, fort [...], ne démord jamais [...], et poursuit un raisonnement jusque dans les derniers recoins de la logique" l 19. Il amoue la force morale des principes et la force physique "comme un Turc" le rendant ainsi plus attrayant. L'éloge se caractérise aussi par la présence d'adverbes "glorieusement" l13.

(oui)

Diafoirus exagère non seulement les qualités mais atténue également les défauts. Ainsi, avec des ajouts tels que "on remarque" l3, "qu'on appelle" l 5, "l'a nommé" l6, il donne l'impression que ce sont des termes scientifiques qui ne s'appliquent qu'au petit nombre. De surcroît, il expose de manière péjorative les termes "enfantin" l7 et "éveillé" l 5 en les associant avec "petits jeux" l 6 et "mièvre" l5 respectivement. Enfin, comme pour innocenter son fils, il accentue l'idée de passivité et présente cette stupidité comme ayant une cause extérieure "on eut toutes les peines du monde à lui apprendre à lire" l7

(TB)

Cette remarquable évolution selon Diafoirus cache en réalité un orgueil et une fierté qui l'amènent à avancer des arguments plutôt superficiels voire contradictoires. Ainsi, malgré cette lacune intellectuelle, M. Diafoirus « a toujours bien auguré de sa judiciaire » l 4 qui est d'ailleurs la qualité requise pour être médecin. De même, « cette lenteur à comprendre, cette pesanteur d'imagination, est la marque d'un bon jugement à venir » l 11.

oui

Cette subjectivité est presque accentuée par la première phrase « ce n'est pas parce que je suis son père » l 1 qui peut être rapproché avec « ce qui me plaît en lui et en quoi il suit mon exemple » l 19.

Cette fierté est tellement présente dans la première phrase que l'on remarque une allitération en « s » qui fait penser à la folie (comme Oreste d'Andromaque, Racine). Pour se convaincre lui-même, il fait partager ses réflexions avec le lecteur et Argan lors de ses maximes de l'arbre tardif « qui donne les meilleurs fruits » et celle du « marbre » où le savoir tient bien plus longtemps » l 8 et 9. Il l'affirme plusieurs fois également avec des phrases telles que « j'ai sujet d'être content » l 1, « ce qui me plaît en lui » l 19. Il présente aussi une présentation importante avec l'antithèse « l'exercice de notre art (médecine) » l 4 – auquel il associe son fils grâce au « notre » – « sans vanité » l 14 « se laissait à moi » l 13

à éviter

spectateur

Cette satire du père Diafoirus amène inévitablement à celle de la médecine.

Une satire est un registre polémique avec recours à la moquerie. C'est ainsi que Molière arrive à critiquer ouvertement les mœurs de son époque. Il présente la médecine comme formaliste et rétrograde. Par cette tirade, Molière affirme qu'elle se montre trop attachée aux formes et à la formalité comme en témoigne la transmission de père en fils « en quoi il suit mon exemple » l 19 marqué par le nom de famille médicale. Cette idée de communauté est aussi présente dans « nos anciens » l 20, « notre art » l 4. Ainsi, d'après Diafoirus, les futurs médecins sont remarquables dès leur enfance « lorsqu'il était petit », « j'ai toujours bien auguré de sa judiciaire » l 4, « bon jugement à venir » l 11. Mais cette médecine est aussi trop ancrée dans la forme comme en témoignent les métaphores de l'arbre, du marbre et du fer, et la métonymie du « bras » l 14.

ou précisez

explicitez

nel

Elle est non seulement formaliste : elle s'oppose aux progrès. Cette idée est corroborée par la phrase accumulative de la fin puisqu'elle est « ferme dans la dispute » et la comparaison « comme un Turc » l 17 souligne que la force physique l'emporte sur la

raisonnement intellectuel. Elle ne "démord jamais de son opinion" l.18,
et "poursuit un raisonnement jusque dans les derniers recoins de la logique" l.18.
Le médecin refuse donc "d'écouter les raisons et les expériences des
prétendues découvertes" l.21 et s'attache "aux opinions des anciens" l.20.
En outre, les termes sont dévalorisés "prétendues découvertes" et "autres
opinions de même farine" qui fait référence à la boulangerie, métier
artisanal. En ridiculisant les Diafoirus, Molière fait donc une satire

où manifeste de la médecine du XVIIe siècle.

CONSIGNES ET CONDITIONS

Commentaire rédigé sur table en classe de seconde en quatre heures.

APPRÉCIATION DE LA COPIE

Très bon devoir. Le travail montre de grandes qualités d'écriture et une capacité à analyser et interpréter un texte classique. La technique du commentaire est acquise.

NOTE DE LA COPIE

18/20

COMMENTAIRE DÉTAILLÉ

CE QUI EST BIEN

- **Le plan**
  - **1. La stupidité du fils Diafoirus**
    - A. Un manque de qualités évident
    - B. Une évolution prévisible
  - **2. Le père : un portraitiste ridicule**
    - A. Un père orgueilleux
    - B. Un père aveugle
  - **3. La critique de la médecine**
    - A. Une médecine formaliste
    - B. Une médecine rétrograde
- Le devoir est **bien rédigé**, le style est limpide.
- Les citations sont, dans l'ensemble, correctement insérées.
- Les idées s'enchaînent de manière fluide grâce à des introductions partielles et des conclusions-transitions.
- **L'analyse stylistique** est très précise et variée. Elle s'appuie sur :
  - l'étude du rythme : binaire ou ternaire ;
  - l'étude des figures de style : accumulations, hyperboles, métaphores ;
  - l'étude de la syntaxe : présence des pronoms personnels ;
  - l'étude des connecteurs logiques ;
  - l'étude du vocabulaire : mélioratif ou péjoratif ;
  - l'étude des registres : épidictique (= éloge ou blâme), satirique, polémique.

CE QUI DOIT ÊTRE CORRIGÉ

- Les **fautes** d'orthographe.
- Éviter de faire des allusions à d'autres textes avant la conclusion.
- Parler de **spectateur** plutôt que de lecteur pour un texte théâtral destiné à être joué.

CE QUI DOIT ÊTRE APPROFONDI

- Préciser un peu l'interprétation et expliciter par exemple les métaphores.
- On aurait pu parler pour ce texte d'**éloge paradoxal** et orienter l'étude de la première partie autour de cette notion.
- **Exemple de partie rédigée** : (attention la présentation est aérée et le plan apparent afin de faciliter la lecture, à ne pas faire dans un devoir).
  - **Introduction partielle** : Monsieur Diafoirus fait ici un éloge paradoxal de son fils, le présentant comme quelqu'un de terne, qui a effectué un parcours laborieux pour finalement devenir un étudiant en médecine borné et sectaire : il dresse ainsi le portrait d'un idiot qui fait pourtant sa fierté.
  - **A.1)**Le fils Diafoirus se distingue par sa lenteur et son absence de vivacité qui deviennent paradoxalement aux yeux de son père des qualités. On peut relever plusieurs termes qui illustrent son côté falot, comme la gradation dépréciative *doux, paisible et taciturne* (l.6), seule expression utilisée de manière affirmative, toutes les autres n'étant employées que de façon négative, afin de souligner l'absence de qualités chez ce personnage. Ainsi, le jeune Diafoirus n'a pas *l'imagination vive* ni *ce feu d'esprit qu'on remarque dans quelques-uns* (l.3-4) et *n'a jamais été mièvre ni éveillé* (l.5). On peut noter la quadruple répétition de l'hyperbole *jamais* qui s'oppose à *toujours* (l.5 et 6) et accentue l'image négative que le père véhicule de son fils.
  - **2)** Pourtant, tous ces défauts ne sont, selon les dires du père, que les revers de qualités à venir. Ainsi, l'absence de brio et de facilité serait la marque d'un jugement sûr, qualité indispensable chez un médecin, ce que le père appelle, de manière prétentieuse, sa *judiciaire* (l.4).
  - **B.1)** Après avoir décrit son tempérament de manière générale, le père revient sur les étapes du cursus de son fils, comme l'indiquent les trois compléments de temps (l.5, 12, 14). Ce parcours laborieux et besogneux est souligné par le champ lexical de la peine (*peine, raidissait, assiduité, battre le fer*). Là encore, l'éloge paradoxal s'appuie sur une série de renversements antithétiques, exprimés par l'adverbe *mais* (l.10 et 12), et l'utilisation d'images assez caricaturales qui font sourire, comme celle des *arbres tardifs* qui *portent les meilleurs fruits* (l.8-9) et du *marbre*, plus dur à graver, mais sur lequel les choses ne s'effacent pas (l.10-11).
  - **2)** Enfin, cet élève, dépourvu à la naissance de talents et de facilités, a cependant réussi à la force du poignet, ce qui est exprimé par la métaphore *à force de battre le fer* (l.14), pour devenir un étudiant obstiné et buté dans ses positions. Cela est souligné, à la fois par des termes hyperboliques (*point de candidat qui ait fait plus de bruit, redoutable, point d'acte, ne démord jamais, jusque dans les derniers recoins de la logique, jamais il n'a voulu comprendre*) et par la comparaison dépréciative, *fort comme un Turc* (l.18).

Déjà enfant, il se caractérisait d'ailleurs par sa différence et son côté asocial (l.6). Le fils Diafoirus, comme son père, est hostile à tout changement et toute remise en cause des doctrines médicales, ce qui est une preuve de bêtise et la marque d'un esprit sectaire, comme le montre l'emploi de l'adverbe *aveuglément* (l.21)

- **Conclusion- transition** : Ainsi, tout en brossant un éloge paradoxal de son fils, le père nous livre indirectement un portrait de lui-même.

- **En conclusion** :
  - L'élève n'avait pas à rédiger de conclusion, on pourrait écrire en conclusion :
  - « Le portrait que le père livre ici de son fils témoigne de la stupidité de l'un et de l'aveuglement de l'autre, incapable de voir la bêtise de son fils et prisonnier d'une vision formaliste et archaïque de la médecine. Après *Dom Juan* (1665) et *Le Médecin malgré lui* (1666), Molière poursuit donc ici sa critique des médecins, en les présentant comme des êtres incompétents, prétentieux et cupides. Naturellement Angélique ne voudra pas d'un tel prétendant ... »

EUGÈNE IONESCO (1909-1994), *RHINOCÉROS*, ACTE II, TABLEAU 2, 1959

L'extrait donné en devoir aux élèves commençait plus haut, à partir de la réplique de Jean : « La morale ! Parlons-en de la morale, j'en ai assez de la morale, elle est belle la morale ! Il faut dépasser la morale ». Pour avoir l'intégralité du texte, reportez-vous à l'édition Folio, Acte II, tableau II, p. 189 à 194, éditions Gallimard, 1959, pour Rhinocéros, 1999, pour la préface et le dossier.

Dans une petite ville, les habitants se transforment peu à peu en rhinocéros, métaphore de la barbarie. Bérenger, venu rendre visite à son ami Jean, assiste à la métamorphose de son ami, victime de rhinocérite ou contagion du totalitarisme.

BÉRENGER Parlez plus distinctement. Je ne comprends pas. Vous articulez mal.

JEAN, *toujours de la salle de bains.* Ouvrez vos oreilles !

BÉRENGER Comment ?

JEAN Ouvrez vos oreilles. J'ai dit, pourquoi ne pas être rhinocéros ? J'aime les changements.

BÉRENGER De telles affirmations venant de votre part... *(Bérenger s'interrompt, car Jean fait une apparition effrayante. En effet, Jean est devenu tout à fait vert. La bosse de son front est presque devenue une corne de rhinocéros.)* Oh ! vous semblez vraiment perdre la tête ! *(Jean se précipite vers son lit, jette les couvertures par terre, prononce des paroles furieuses et incompréhensibles, fait entendre des sons inouïs.)* Mais ne soyez pas si furieux, calmez-vous ! Je ne vous reconnais plus.

JEAN, *à peine distinctement* : Chaud... trop chaud. Démolir tout cela, vêtements, ça gratte, vêtements, ça gratte. *(Il fait tomber le pantalon de son pyjama.)*

BÉRENGER Que faites-vous ? Je ne vous reconnais plus ! Vous si pudique d'habitude !

JEAN Les marécages! les marécages!

BÉRENGER Regardez-moi! Vous ne semblez plus me voir! Vous ne semblez plus m'entendre!

JEAN Je vous entends très bien! Je vous vois très bien! *(Il fonce vers Bérenger tête baissée. Celui-ci s'écarte.)*

BÉRENGER : Attention!

JEAN, *soufflant bruyamment* : Pardon!

(Puis il se précipite à toute vitesse dans la salle de bains.)

BÉRENGER *fait mine de fuir vers la porte de gauche puis fait demi-tour et va dans la salle de bains à la suite de Jean en disant* : Je ne peux tout de même pas le laisser comme cela, c'est un ami. *(De la salle de bains)* Je vais appeler le médecin! C'est indispensable, indispensable, croyez-moi.

JEAN, *dans la salle de bains.* Non.

BÉRENGER, *dans la salle de bains* Si. Calmez-vous, Jean! Vous êtes ridicule. Oh! votre corne s'allonge à vue d'œil!... Vous êtes rhinocéros.

JEAN, *dans la salle de bains.* Je te piétinerai, je te piétinerai.

Eugène IONESCO, *Rhinocéros*, acte II, tableau 2, éditions Gallimard, 1959.

Sujet d'annales, session 2011, épreuves anticipées de français, série L. Question de corpus : « Comment l'écriture de ces trois textes de théâtre rend-elle compte du processus de transformation des personnages ? ».

II/ : Commentaire de Rhinocéros :

Rhinocéros est une pièce en trois actes, divisée en différents tableaux, représentée pour la 1ère fois. Elle a été publiée en 1959 par Eugène Ionesco. Cette pièce appartient au courant théâtral de l'absurde. Né du traumatisme des deux guerres mondiales, il remet en question tous les codes du théâtre, et développe une réflexion autour de l'homme et le sens de son existence sur terre. La première pièce de Ionesco, La cantatrice chauve, a ainsi fait scandale. Inspirée de la méthode Assimil, Ionesco écrit une pièce sans intrigue, sans logique, où tout prête à des jeux de langage, où les personnages ne sont que des fantoches déshumanisés, échangeant des dialogues absurdes. Dans Rhinocéros, il présente les réactions d'un village de province à une invasion de rhinocéros. Une fois l'étonnement de l'arrivée des premiers rhinocéros passée, une étrange épidémie survient : les villageois se transforment, un à un, en rhinocéros. Derrière cette intrigue absurde, Ionesco distille en réalité une métaphore sur le totalitarisme et la barbarie. Dans cet extrait, Bérenger, personnage relâché, mal habillé, sans aucune rigueur, affronte son ami Jean, un être normalement rigoureux et maîtrisé, qui se transforme progressivement en rhinocéros.

Il s'agit ici de voir en quoi le rapport de force absurde entre ces deux amis figure l'affrontement des totalitarismes contre les démocraties.

La violence croît peu à peu dans une scène de conflit absurde. L'affrontement de Bérenger et Jean atteint une portée symbolique à travers la métaphore du totalitarisme.

Si votre composition comporte plusieurs feuilles, numérotez les. 2...

réponses à Bérenger "démolissons" (l 17), "ne prononcez plus" (l 24) "vieux sentimental ridicule" (l 26) "bêtises" (l 29). L'humain a perdu en lui, et laisse place au rhinocéros, un être violent, ce qui est marqué par la didascalie "sons rauques" "paroles furieuses" (l 45) et un où langage qui se déconstruit : Jean utilise des phrases nominales "démolir tout cela" (l 47), ne parle plus distinctement "à peine distinctement" (l 47), "voix très rauque" (ligne 31).

Cette scène est d'une violence incongrue au théâtre. Ionesco prône en effet les théories d'Antonin Artaud, d'un "théâtre de la cruauté". Il veut dans ses pièces détruire la nuance, faire un théâtre de la démesure. Cela se traduit par le jeu scénique des lignes 41 à 65. Il y a une course poursuite entre les deux personnages "il se précipite à toute vitesse" (l 57), "il fait mine de fuir" (l 58). La transformation de Jean en rhinocéros s'inscrit bien dans cette perspective de déconstruction des personnages du théâtre de l'absurde. La double répétition de "mariage" (l 50) fait écho à celle de "j'y viendrai" (l 8) et annonce celle de "je te piétinerai" (ligne 65). La transformation de Jean obéit donc à une logique du langage, qui peu à peu, sombre dans des registres de plus en plus meurtriers. Les jeux de langages, la violence des jeux de scène et l'aspect incongru de la rhinocérite contribuent à ancrer cette scène dans le théâtre de l'absurde. parlez de la métamorphose qui fait passer

Mais derrière la dimension ludique et absurde de la de la scène, Ionesco développe une réflexion sur la barbarie et "bosse" le totalitarisme. à la corne

Ionesco développe une réflexion sur le totalitarisme à travers l'opposition de la nature et de la morale, la métaphore du

COPIE 4

de la liberté

rhinocéros. La réaction de Bérenger fait écho à celle des démocraties face à la barbarie totalitaire. (une démocratie peut prendre des aspects totalitaires)

Jean énonce en effet sa thèse à la ligne 5 "la nature a ses lois. La morale est antinaturelle". Par là, il signifie plusieurs choses. Il y a une négation de ce qui a été construit par l'homme, établi par l'homme. Le champ lexical de l'humanité est nié : "lois" (l 7) "fondements de notre être" (l 10), "un système de valeurs" (l 15), "une philosophie" (l 15). Cela devient flagrant lors de son invective à Bérenger "l'homme... ne prononcez plus ce mot" (l 24). Il y a une volonté de revenir à la nature, à l'état naturel, à l'"intégrité primordiale". Cela fait écho, bien sûr, aux thèses hitlériennes sur la "supériorité naturelle de la race aryenne", mais également aux écrits de la philosophe allemande Hannah Arendt, qui a conceptualisé le totalitarisme. Pour Arendt, le totalitarisme se fonde sur ~~la prise de pouvoir~~ la négation d'un ordre établi au profit de lois éternelles qui règlent l'humanité. Un problème quelconque devient, pour l'état totalitaire, une réponse à une dynamique naturelle, universelle : le chômage est dû aux juifs, les inégalités sociales à l'élite... Le totalitarisme prône donc une destruction des "lois morales" (l 7) pour un retour à la "nature" qui a ses propres lois, sa propre hiérarchie : "démolissons tout on s'en portera mieux" (l 17)

Pour Jean, l'homme est sacrifié à l'animal, et au groupe. Il parle au nom de l'humanité entière "notre vie" (l 10) "on s'en portera mieux". Il y a une négation de la notion d'homme, qui renvoie à la déshumanisation de la guerre, au traumatisme des camps. Le groupe prend le pas sur ~~l'individu~~ la personne, ou plutôt, le troupeau prend le pas sur l'individu. Un troupeau de rhinocéros, barbare, qui écrase tout sur son passage "je te piétinerai, je te piétinerai" (l 65). La négation de la parole "je ne vous comprends pas" (l 36) renvoie à la perte de la liberté d'expression des individus sous un régime totalitaire.

Bérenger, enfin, semble l'image des démocraties, des systèmes libéraux ~~basés~~ fondés sur la liberté individuelle. Son laisser-aller, son épicurisme, renvoient à la liberté de l'individu dans les démocraties, individu qui n'est pas contraint. De plus, Bérenger semble incapable de comprendre Jean : "je suis étonné de vous entendre dire ça" (l 33), "je ne vous comprends pas [illegible]" (l 17) "calmez vous" (l 45). Alors que le spectateur comprend

de la liberté

rhinocéros. La réaction de Bérenger fait écho à celle des démocraties face à la barbarie totalitaire (une démocratie peut prendre des aspects totalitaires)

Jean énonce en effet sa thèse à la ligne 5 "la nature a ses lois. La morale est antinaturelle". Par là, il signifie plusieurs choses. Il y a une négation de ce qui a été construit par l'homme, établi par l'homme. Le champ lexical de l'humanité est nié : "loi" (l 7) "fondements de notre vie" (l 10), "un système de valeurs" (l 15), "une philosophie" (l 15). Cela devient flagrant lors de son invective à Bérenger "l'homme... ne prononcez plus ce mot" (l 24). Il y a une volonté de revenir à la nature, à l'état naturel, à l'"intégrité primordiale". Cela fait écho, bien sûr, aux thèses hitlériennes sur la "supériorité naturelle de la race aryenne", mais également aux écrits de la philosophe allemande Hannah Arendt, qui a conceptualisé le totalitarisme. Pour Arendt, le totalitarisme se fonde sur ~~la prise de pouvoir~~ la négation d'un ordre établi au profit de lois éternelles qui règlent l'humanité. Un problème quelconque devient, pour l'état totalitaire, une réponse à une dynamique naturelle, universelle : le chômage est dû aux juifs, les inégalités sociales à l'élite... Le totalitarisme prône donc une destruction des "lois morales" (l 7) pour un retour à la "nature", qui a ses propres lois, sa propre hiérarchie : "démolissons tout on s'en portera mieux" (l 17)

Pour Jean, l'homme est sacrifié à l'animal, et au groupe. Il parle au nom de l'humanité entière "notre vie" (l 10) "on s'en portera mieux". Il y a une négation de la notion d'homme, qui renvoie à la déshumanisation de la guerre, au traumatisme des camps. Le groupe prend le pas sur ~~l'individu~~ la personne, ou plutôt, le troupeau prend le pas sur l'individu. Un troupeau de rhinocéros, barbare, qui écrase tout sur son passage "je te piétinerai, je te piétinerai" (l 65). La négation de la parole "je ne vous comprends pas" (l 36) renvoie à la perte de la liberté d'expression des individus sous un régime totalitaire.

Bérenger, enfin, semble l'image des démocraties, des systèmes libéraux fondés sur la liberté individuelle. Son laisser-aller, son épicurisme, renvoient à la liberté de l'individu dans les démocraties, individu qui n'est pas contraint. De plus, Bérenger semble incapable de comprendre Jean : "je suis étonné de vous entendre dire ça" (l 33), "je ne vous comprends pas ou mal" (l 17) "calmez-vous" (l 45). Alors que le spectateur comprend

ou

B

VB

COPIE 4

barrissement — oui !

dès le premier ~~mugissement~~ de Jean sa transformation en rhinocéros, Bérenger, par une sorte de décalage comique, ne s'en rend compte qu'à la moitié de l'extrait "enfin, admirez-vous être un rhinocéros ?" (l 34). On retrouve le même décalage absurde avec "je ne peux tout de même pas le laisser comme cela, c'est un ami" ligne 59. Cette défaillance de Bérenger, cette incapacité à comprendre, est une métaphore de l'attentisme des démocraties durant la seconde guerre mondiale.

parlez-donc de la réaction du spectateur (il doit se révolter tout autant contre le totalitarisme que contre l'incompréhension de Béranger).

Cette scène de conflit dégénère rapidement en une transformation déshumanisante. La barbarie remplace la civilisation, le rhinocéros remplace l'humain. La violence de la scène, l'incongruité du mal dont souffre Jean sont caractéristiques du théâtre de l'absurde. Cette scène, tour à tour comique, philosophique, tragique, terrifiante, reflète toutes les interrogations des écrivains et des intellectuels d'après-guerre. Par une métaphore qu'il file tout au long de la pièce, Ionesco s'interroge et interroge le ~~lecteur~~ spectateur sur l'humain, sur l'individu et le groupe, sur le concept de totalitarisme. L'affrontement de deux personnages devient la figure symbolique de l'affrontement de deux idéologies durant la seconde guerre mondiale et après (guerre froide) — TB

À la fin de la pièce, Bérenger, seul humain du village, lance, dans un monologue désespéré, un dernier appel et affirme sa volonté de rester humain. La littérature a également traité de la seconde guerre mondiale par la métaphore, comme Camus, dans *La peste*. L'auteur évoque la montée du totalitarisme par celle de la peste à Oran, en Algérie.

bonne ouverture

CONSIGNES ET CONDITIONS

Commentaire rédigé sur table en classe de première en trois heures, les élèves devant répondre auparavant à une question de corpus.

APPRÉCIATION DE LA COPIE

Excellent commentaire, bonne analyse du totalitarisme, un plan satisfaisant. N'oubliez pas de parler de la progression du texte même si vous faites un commentaire composé.

NOTE DE LA COPIE

18/20

COMMENTAIRE DÉTAILLÉ

CE QUI EST BIEN

- **L'introduction** est très complète : le contexte littéraire et historique est précis, la problématique claire et le plan bien annoncé.
- **Le plan**
  - **1. Une scène de conflit**
    - A. Un conflit verbal…
    - B. …qui glisse vers un conflit physique
    - C. Un théâtre de la cruauté
  - **2. Une réflexion sur le totalitarisme**
    - A. Le retour à l'état de nature
    - B. La primauté du groupe sur l'individu
    - C. Une opposition impuissante
  - **Remarque** : on n'est pas du tout obligé de faire trois parties pour un plan, en revanche si on fait deux parties, il vaut mieux essayer de trouver trois sous-parties, ce qui évitera de rendre un devoir trop court.
- **Les thèmes** : la montée de la violence et le rapport de force entre les deux personnages sont très bien étudiés ; le mécanisme du **totalitarisme** qui donne la primauté à l'instinct sur la raison, la nature sur la culture, est également bien vu.
- Les **enjeux philosophiques** du texte sont bien perçus.
- La nature théâtrale de l'extrait est présente tout au long du commentaire : le vocabulaire du théâtre (réplique, didascalies, scène) est maîtrisé, les jeux de mise en scène et l'attitude du spectateur sont pris en compte.
- **Le style** et l'insertion des citations sont fluides.
- On trouve quelques bonnes formules, par exemple en conclusion : *La barbarie remplace la civilisation, le rhinocéros remplace l'humain.*
- L'élève possède une **culture littéraire** solide, on note plusieurs références intéressantes :

- **Antonin Artaud** : le concept du théâtre de la cruauté est développé dans *Le Théâtre et son double* (1938). Il s'agit, selon Artaud, de délaisser les mots pour revenir à un théâtre de gestes qui donne la primauté au metteur en scène sur l'auteur. Le théâtre doit ainsi retrouver toute sa force d'expressivité et devenir une expérience sacrée qui mette le spectateur dans un état de transe ;
- **le théâtre de l'absurde** : le théâtre met en scène des situations absurdes qui passent par une déconstruction du langage et une disparition de l'intrigue, le théâtre de Ionesco appartient à ce courant, illustré aussi par Samuel Beckett (1906-1989) ;
- **Hannah Arendt** : philosophe allemande contemporaine (1906-1975), elle écrit, entre autres, *Les Origines du totalitarisme*.

◆ Très bonne **conclusion**, tant au niveau de la synthèse que de l'ouverture sur *La Peste* de Camus.

CE QUI DOIT ÊTRE CORRIGÉ

◆ Il faut davantage prendre en compte **la structure linéaire** du texte et la progression du dialogue.

◆ **La thématique de la métamorphose** n'est pas du tout assez présente dans le commentaire.

◆ **Maladresses de style** :

- *enrayé* : « rayé » suffit ;
- *s'enraye* : écrire plutôt « se dérègle ».

CE QUI DOIT ÊTRE APPROFONDI

◆ **Les différentes étapes de la métamorphose** :

- **de la parole au cri** : plus le dialogue progresse, plus la communication est mise à mal : le désaccord entre les deux protagonistes se creuse et les arguments se font de plus en plus rares, le langage rationnel est peu à peu remplacé par des phrases toutes faites, des slogans qu'il faut suivre sans même les comprendre (*pourquoi ne pas être rhinocéros ? J'aime les changements*. À la fin, les mots laissent place à des barrissements et des onomatopées ;
- **de la bosse à la corne** : la métamorphose de Jean a lieu dans la salle de bain, elle est constatée par Bérenger qui note les transformations successives et précisée par les didascalies de plus en plus longues. Au départ, Jean se plaint d'être entravé dans ses mouvements et dans sa respiration, il a l'air d'abord d'un fauve en cage puis sa bosse laisse place à une corne, et enfin il menace de foncer dans Bérenger. Jean a donc perdu à la fois sa raison et son aspect d'être humain.

◆ **La multiplicité des registres**, qui est juste évoquée par l'élève en conclusion et qu'il aurait fallu détailler.

Ainsi pour le registre comique, on aurait pu étudier **les jeux de mots** : les expressions *loi de la jungle* ou *j'aime les changements* sont à prendre au sens propre comme au sens figuré.

- On aurait pu faire référence au nihilisme de **Nietzsche** qui dans *Le Crépuscule des idoles* (1889) souhaite faire table rase du passé, réhabiliter les instincts et lutter contre l'hypocrisie religieuse.

  On pense aussi à l'ouvrage de **Gustave Le Bon** (1841-1931), *La Psychologie des foules* (1895), dans lequel il analyse l'instinct grégaire de l'homme et la puissance des passions collectives.

- **La structure linéaire du texte** et la progression du dialogue

- On peut citer en **introduction** cette phrase de Ionesco : « J'ai fait, il y a longtemps déjà, l'expérience du fanatisme. [...] C'était terrible [...] le fanatisme défigure les gens [...] les déshumanise. J'avais l'impression physique que j'avais affaire à des êtres qui n'étaient plus des humains, qu'il n'était plus possible de s'entendre avec eux. [...] J'ai eu l'idée de peindre sous les traits d'un animal ces hommes déchus dans l'animalité, ces bonnes fois abusées, ces mauvaises fois qui abusent. »

  Ou son explication humoristique quant au choix du rhinocéros : « Le taureau ? Non : trop noble. L'hippopotame ? Non : trop mou. Le buffle ? Non : les buffles sont américains, pas d'allusions politiques... Le rhinocéros ! Enfin, je voyais mon rêve se matérialiser, se concrétiser, devenir réalité, masse. Le rhinocéros ! Mon rêve ! »

  Le Figaro littéraire, 23 janvier 1960, cité par Emmanuel Jacquart, dans son étude sur *Rhinocéros*, Foliothèque n° 44,1995, pp. 24-25.

- **En conclusion :**

  On pourra soulever les problèmes de mise en scène d'un tel passage : comment montrer la métamorphose de Jean (voir les mises en scène de Jean-Louis Barrault en 1960 et d'Emmanuel Demarcy Motta en 2013, entre autres).

  Ou faire référence aux propos de Ionesco dans les préfaces de la pièce, par exemple :

JANVIER 1964

« [...] Je me demande si je n'ai pas mis le doigt sur une plaie brûlante du monde actuel, sur une maladie étrange qui sévit sous différentes formes, mais qui est la même, dans son principe. Les idéologies devenues idolâtries, les systèmes automatiques de pensée s'élèvent, comme un écran entre l'esprit et la réalité, faussent l'entendement, aveuglent. Elles sont aussi des barricades entre l'homme et l'homme qu'elles déshumanisent, et rendent impossible l'amitié malgré tout des hommes entre eux ; elles empêchent ce qu'on appelle la coexistence, car un rhinocéros ne peut s'accorder avec celui qui ne l'est pas, un sectaire avec celui qui n'est pas de sa secte. [...] »

IONESCO, Eugène, Les faces et préfaces de Rhinocéros, cahier de la compagnie Madeleine Renaud- Jean-Louis Barrault n°97, 1978, pp. 67-92.

TABLE DES MATIÈRES

Objectifs de l'ouvrage 3

Organisation de l'ouvrage 5

À propos des copies 7

Rappel de la méthode du commentaire littéraire 9

I. POÉSIE **11**

Copie 1

Paul Verlaine (1844-1896), ***Poèmes saturniens***, « Mon rêve familier », 1866 13

Copie 2

Charles Baudelaire (1821-1867), ***Petits poèmes en prose***, XVII, « Un hémisphère dans une chevelure », 1869 25

Copie 3

Tristan Corbière (1845-1875), ***Les Amours jaunes***, « Le Crapaud », 1873 37

Copie 4

Francis Ponge (1899-1988), ***Le Parti pris des choses***, « Le Pain », 1942 49

II. LE ROMAN **59**

Copie 1

Stendhal (1783-1842), ***La Chartreuse de Parme***, 1839 61

Copie 2

Gustave Flaubert (1821-1880), ***Madame Bovary***, I, IX, 1857 71

Copie 3

Émile Zola (1840-1902), ***Germinal***, 1885 85

Copie 4

Marcel Proust (1871-1922), ***À la recherche du temps perdu, Du côté de chez Swann, Un Amour de Swann***, 1913 95

III. LE THÉÂTRE **107**

Copie 1

Molière (1622-1673), ***Les Précieuses ridicules***, scène 4, 1659 109

Copie 2

Jean Racine (1639-1699), ***Bérénice***, acte V, scène 5 (vers 1303-1347) 123

Copie 3

Molière (1622-1673), ***Le Malade imaginaire***, acte II, scène 5, 1673 135

Copie 4

Eugène IONESCO (1909-1994), ***Rhinocéros***, acte II, tableau 2, 1959 143

Cet ouvrage a été achevé d'imprimer en mars 2014
sur les presses de Normandie Roto Impression s.a.s.
61250 Lonrai
N° d'imprimeur : 1400875
Dépôt légal : mars 2014

Imprimé en France